Practice Adding, Subtracting, Multiplying, and Dividing Mixed Fractions Workbook

Improve Your Math Fluency Series

Chris McMullen, Ph.D.

Practice Adding, Subtracting, Multiplying, and Dividing Mixed Fractions Workbook
Improve Your Math Fluency Series

Copyright © 2011 Chris McMullen, Ph.D.

All rights reserved. This includes the right to reproduce any portion of this book in any form. However, teachers who purchase one copy of this book, or borrow one physical copy from a library, may make and distribute photocopies of selected pages for instructional purposes for their own classes only. Also, parents who purchase one copy of this book, or borrow one physical copy from a library, may make and distribute photocopies of selected pages for use by their own children only.

CreateSpace

Nonfiction / Children's Books / Science, Nature, & How It Works / Math / Fractions
Nonfiction / Children's Books / Educational / Study Aids / Test Preparation
Professional & Technical / Education / Specific Skills / Mathematics

ISBN: 1460993594

EAN-13: 978-1460993590

Practice Adding, Subtracting, Multiplying, and Dividing Mixed Fractions Workbook

Contents

Multiplication Table   4

Making the Most of this Workbook   5

Basic Fraction Skills   6

Part 1: Practice Adding Mixed Fractions   10

Part 2: Practice Subtracting Mixed Fractions   35

Part 3: Practice Multiplying Mixed Fractions   60

Part 4: Practice Dividing Mixed Fractions   85

Answer Key   110

Multiplication Table

×	1	2	3	4	5	6	7	8	9	10
1	1	2	3	4	5	6	7	8	9	10
2	2	4	6	8	10	12	14	16	18	20
3	3	6	9	12	15	18	21	24	27	30
4	4	8	12	16	20	24	28	32	36	40
5	5	10	15	20	25	30	35	40	45	50
6	6	12	18	24	30	36	42	48	54	60
7	7	14	21	28	35	42	49	56	63	70
8	8	16	24	32	40	48	56	64	72	80
9	9	18	27	36	45	54	63	72	81	90
10	10	20	30	40	50	60	70	80	90	100

Practice Adding, Subtracting, Multiplying, and Dividing Mixed Fractions Workbook

Making the Most of this Workbook

- Mathematics is a language. You can't hold a decent conversation in any language if you have a limited vocabulary or if you are not fluent. In order to become successful in mathematics, you need to practice until you have mastered the fundamentals and developed fluency in the subject. This *Practice Adding, Subtracting, Multiplying, and Dividing Mixed Fractions Workbook* will help you improve the fluency with which you add, subtract, multiply, and divide mixed fractions (also called mixed numbers).

- You may need to consult the multiplication table on page 4 occasionally as you begin your practice, but should refrain from relying on it. Force yourself to solve the problems independently as much as possible. It is necessary to memorize the basic multiplication facts and know them quickly in order to become successful at finding a common denominator and reducing your answers.

- This book is conveniently divided into four parts: Part 1 focuses on adding fractions, Part 2 on subtracting fractions, Part 3 on multiplying fractions, and Part 4 on dividing fractions. This way you can focus on one arithmetic operation at a time.

- A preliminary section on basic fraction skills begins with a concise set of instructions, along with a few examples, for how to:
    - Convert between mixed numbers and improper fractions.
    - Find the reciprocal of a fraction.
    - Determine the greatest common factor in the numerator and denominator.
    - Reduce a fraction by canceling the greatest common factor.
    - Calculate the least common denominator of two fractions.
    - Add, subtract, multiply, or divide fractions.

- After you complete a page, check your answers with the answer key in the back of the book. Practice makes permanent, but not necessarily perfect: If you practice making mistakes, you will learn your mistakes. Check your answers and learn from your mistakes such that you practice solving the problems correctly. This way your practice will make perfect.

- Math can be fun. Make a game of your practice by recording your times and trying to improve on your times, and recording your scores and trying to improve on your scores. Doing this will help you see how much you are improving, and this sign of improvement can give you the confidence to succeed in math, which can help you learn to enjoy this subject more.

Basic Fraction Skills

Mixed Numbers and Improper Fractions

A fraction that is greater than one can be expressed either as a mixed number or an improper fraction. For example, if you have one whole pie plus one-fourth of another pie, you could express this as having $1\frac{1}{4}$ pies (i.e. one and one-fourth pies) or as $\frac{5}{4}$ pies (i.e. five-fourths pies) – both ways are equivalent. The number $1\frac{1}{4}$ is called a **mixed number** (also called a **mixed fraction**), while $\frac{5}{4}$ is called an **improper fraction**. A proper fraction has a numerator that is less than the denominator (like $\frac{3}{4}$), while an improper fraction has a numerator that is greater than the denominator (like $\frac{5}{4}$). A mixed number is the sum of a whole number and a proper fraction. For example, the mixed number $1\frac{1}{4}$ means $1 + \frac{1}{4}$ (i.e. one plus one-fourth).

If you want to convert a mixed number to an improper fraction, follow these steps:
1. Multiply the denominator of the mixed number by the whole number out front.
2. Add the numerator of the mixed number to the product you obtained in Step 1.
3. Write your answer from Step 2 over the denominator from the mixed number.

EXAMPLES

$$3\frac{2}{5} = \frac{5 \times 3 + 2}{5} = \frac{15 + 2}{5} = \frac{17}{5} \quad , \quad 5\frac{3}{8} = \frac{8 \times 5 + 3}{8} = \frac{40 + 3}{8} = \frac{43}{8}$$

If you want to convert an improper fraction to a mixed number, follow these steps:
1. Divide the numerator by the denominator using long division.
2. The integer part of the quotient equals the integer part of the mixed number.
3. To get the fractional part, place the remainder over the denominator.

EXAMPLES

$$\frac{13}{4} = 13 \div 4 = 3R1 = 3\frac{1}{4} \quad , \quad \frac{5}{3} = 5 \div 3 = 1R2 = 1\frac{2}{3} \quad , \quad \frac{19}{8} = 19 \div 8 = 2R3 = 2\frac{3}{8}$$

```
    3R1              1R2              2R3
4)13             3)5              8)19
 -12              -3               -16
   1                2                3
```

Practice Adding, Subtracting, Multiplying, and Dividing Mixed Fractions Workbook

Reciprocals

To find the **reciprocal** of a proper fraction or an improper fraction, simply swap the numerator and denominator. For example, the reciprocal of $\frac{3}{4}$ is $\frac{4}{3}$. To find the reciprocal of a whole number, just divide one by the whole number. For example, the reciprocal of 3 is $\frac{1}{3}$. To find the reciprocal of a mixed number, first convert the mixed number to an improper fraction.

EXAMPLES

The reciprocal of $\frac{12}{5}$ is $\frac{5}{12}$. The reciprocal of $\frac{3}{7}$ is $\frac{7}{3}$. The reciprocal of $1\frac{1}{4}$ is $\frac{4}{5}$ (since $1\frac{1}{4} = \frac{5}{4}$).
The reciprocal of 4 is $\frac{1}{4}$. The reciprocal of $\frac{1}{2}$ is 2 (since $\frac{2}{1} = 2$).

Greatest Common Factor

Two numbers multiplied together are called **factors**, and the result is called a **product**. For example, in $3 \times 4 = 12$, the 3 and 4 are factors and 12 is the product. The number 12 can also be factored as 1×12 or 2×6. All whole numbers except prime numbers can be factored two or more ways, like 12.

Two numbers can share a common factor. For example, 12 and 18 are both evenly divisible by 2, and so share a common factor of 2: That is, $12 = 2 \times 6$ and $18 = 2 \times 9$. They also share a common factor of 3: $12 = 3 \times 4$ and $18 = 3 \times 6$. The **greatest common factor** among two whole numbers is the largest whole number that evenly divides into both of the numbers. For example, the greatest common factor of 12 and 18 is 6: $12 = 6 \times 2$ and $18 = 6 \times 3$.

EXAMPLES

The greatest common factor of 8 and 20 is 4: $8 = 4 \times 2$ and $20 = 4 \times 5$.
The greatest common factor of 15 and 25 is 5: $15 = 5 \times 3$ and $25 = 5 \times 5$.
The greatest common factor of 54 and 72 is 18: $54 = 18 \times 3$ and $72 = 18 \times 4$.

Reduced Fractions

A proper or improper fraction can be **reduced** if the numerator and denominator share a common factor. To reduce a proper or improper fraction, divide both the numerator and denominator by their greatest common factor.

EXAMPLES

$$\frac{9}{6} = \frac{9 \div 3}{6 \div 3} = \frac{3}{2} \quad , \quad \frac{8}{32} = \frac{8 \div 8}{32 \div 8} = \frac{1}{4} \quad , \quad \frac{36}{27} = \frac{36 \div 9}{27 \div 9} = \frac{4}{3} \quad , \quad \frac{14}{35} = \frac{14 \div 7}{35 \div 7} = \frac{2}{5}$$

Least Common Denominator

The **least common denominator** is the smallest denominator that two fractions can be expressed with by multiplying with whole numbers. To find the least common denominator of two fractions, follow these steps:
1. Determine the greatest common factor of the two denominators.
2. Write each denominator in terms of its greatest common factor and another factor.
3. Multiply the greatest common factor times these two other factors.

EXAMPLES

Find the least common denominator of $\frac{1}{2}$ and $\frac{1}{3}$:
$$2 = 1 \times 2 \quad , \quad 3 = 1 \times 3 \quad ; \quad 1 \times 2 \times 3 = 6$$
Find the least common denominator of $\frac{5}{24}$ and $\frac{27}{40}$:
$$24 = 8 \times 3 \quad , \quad 40 = 8 \times 5 \; ; \quad 8 \times 3 \times 5 = 120$$

Two fractions can be expressed with their least common denominator as follows: For each fraction, multiply its numerator and denominator by the factor from the other fraction in Steps 2-3 above. Note that you must multiply both the numerator and denominator by the same factor, but the factor that you use for each fraction will generally be different.

EXAMPLES

Express $\frac{2}{3}$ and $\frac{3}{4}$ with their least common denominator:

The least common denominator is 12:
$$3 = 1 \times 3 \quad , \quad 4 = 1 \times 4 \quad ; \quad 1 \times 3 \times 4 = 12$$
Multiply both the numerator and denominator of $\frac{2}{3}$ by 4.
Multiply both the numerator and denominator of $\frac{3}{4}$ by 3.
$$\frac{2}{3} = \frac{2 \times 4}{3 \times 4} = \frac{8}{12} \quad , \quad \frac{3}{4} = \frac{3 \times 3}{4 \times 3} = \frac{9}{12}$$
Express $\frac{5}{12}$ and $\frac{11}{18}$ with their least common denominator:

The least common denominator is 36:
$$12 = 6 \times 2 \quad , \quad 18 = 6 \times 3 \quad ; \quad 6 \times 2 \times 3 = 36$$
Multiply both the numerator and denominator of $\frac{5}{12}$ by 3.
Multiply both the numerator and denominator of $\frac{11}{18}$ by 2.
$$\frac{5}{12} = \frac{5 \times 3}{12 \times 3} = \frac{15}{36} \quad , \quad \frac{11}{18} = \frac{11 \times 2}{18 \times 2} = \frac{22}{36}$$

Practice Adding, Subtracting, Multiplying, and Dividing Mixed Fractions Workbook

Adding and Subtracting Fractions

First convert any mixed numbers to improper fractions and then follow the instructions below. If your answer is an improper fraction, convert it to a mixed number when you are finished.

Two proper and/or improper fractions can be added or subtracted by first expressing each fraction in terms of their least common denominator and then adding or subtracting their numerators. If your answer is reducible, cancel the greatest common factor.

EXAMPLES

$$\frac{5}{6} + \frac{4}{9} = \frac{5 \times 3}{6 \times 3} + \frac{4 \times 2}{9 \times 2} = \frac{15}{18} + \frac{8}{18} = \frac{23}{18} = 1\frac{5}{18}$$

$$\frac{5}{8} - \frac{3}{10} = \frac{5 \times 5}{8 \times 5} - \frac{3 \times 4}{10 \times 4} = \frac{25}{40} - \frac{12}{40} = \frac{13}{40}$$

$$1\frac{3}{4} + 2\frac{1}{3} = \frac{7}{4} + \frac{7}{3} = \frac{7 \times 3}{4 \times 3} + \frac{7 \times 4}{3 \times 4} = \frac{21}{12} + \frac{28}{12} = \frac{49}{12} = 4\frac{1}{12}$$

Multiplying and Dividing Fractions

First convert any mixed numbers to improper fractions and then follow the instructions below. If your answer is an improper fraction, convert it to a mixed number when you are finished.

To multiply two proper and/or improper fractions together, simply multiply their numerators together and multiply their denominators together. To divide two fractions, first find the reciprocal of the second fraction (i.e. the divisor) and then multiply the first fraction with the reciprocal of the second fraction. If your answer is reducible, reduce it.

EXAMPLES

$$\frac{2}{3} \times 1\frac{1}{5} = \frac{2}{3} \times \frac{6}{5} = \frac{12}{15} = \frac{12 \div 3}{15 \div 3} = \frac{4}{5}$$

$$\frac{3}{4} \div \frac{5}{8} = \frac{3}{4} \times \frac{8}{5} = \frac{24}{20} = \frac{24 \div 4}{20 \div 4} = \frac{6}{5} = 1\frac{1}{5}$$

$$2\frac{1}{2} \div 1\frac{1}{3} = \frac{5}{2} \div \frac{4}{3} = \frac{5}{2} \times \frac{3}{4} = \frac{15}{8} = 1\frac{7}{8}$$

Part 1: Practice Adding Mixed Fractions

Note: The mixed fractions in these problems have a space between the whole number and the fraction. For example, 1 1/7 reads as one and one-seventh, or 1 + 1/7, or 8/7. Similarly, 2 1/4 reads as two and one fourth, or 2 + 1/4, or 9/4.

    4/9 + 1/2 =   1 1/7 + 5/7 =   1 2/3 + 7/8 =   4 1/2 + 1 1/3 =

    1 1/3 + 1 2/5 =   1 1/8 + 2/3 =   4/7 + 3/5 =   3/5 + 1 3/4 =

    1 2/7 + 2 1/2 =   8/9 + 1/6 =   3/5 + 1 1/5 =   1 1/6 + 1 2/5 =

    1/9 + 1/7 =   1 2/5 + 1 1/2 =   1 1/7 + 1 3/5 =   3/4 + 2/7 =

Practice Adding, Subtracting, Multiplying, and Dividing Mixed Fractions Workbook

$1/7 + 1\ 1/6 =$ $\qquad$ $1/6 + 3/5 =$ $\qquad$ $1\ 4/5 + 2\ 1/3 =$ $\qquad$ $1\ 1/8 + 1/2 =$

$3/8 + 1\ 1/5 =$ $\qquad$ $2/3 + 1\ 3/5 =$ $\qquad$ $5/9 + 4/7 =$ $\qquad$ $3/7 + 1\ 1/2 =$

$1/8 + 1/3 =$ $\qquad$ $7/8 + 3/4 =$ $\qquad$ $1/8 + 2\ 1/4 =$ $\qquad$ $2\ 1/3 + 1/3 =$

$2\ 2/3 + 3/8 =$ $\qquad$ $1/8 + 5/7 =$ $\qquad$ $1\ 1/7 + 1\ 2/7 =$ $\qquad$ $1\ 1/2 + 2\ 2/3 =$

$7/8 + 4/5 =$ $\qquad$ $3/8 + 1\ 3/5 =$ $\qquad$ $2\ 1/2 + 1/6 =$ $\qquad$ $1/5 + 7/8 =$

Improve Your Math Fluency Series

$2/9 + 2\ 1/4 =$ $1/4 + 2/3 =$ $5/9 + 3/4 =$ $7/9 + 8/9 =$

$6/7 + 1/3 =$ $8/9 + 5/9 =$ $5/6 + 1\ 1/7 =$ $3/7 + 3/7 =$

$1/4 + 5/7 =$ $4/5 + 2/9 =$ $4/9 + 3\ 1/2 =$ $7/8 + 3/4 =$

$1/5 + 4/9 =$ $3\ 1/2 + 6/7 =$ $1\ 1/7 + 1\ 1/7 =$ $3\ 1/2 + 5/8 =$

$6/7 + 4\ 1/2 =$ $1\ 2/3 + 3/7 =$ $1\ 2/5 + 1\ 2/5 =$ $1\ 1/5 + 2/9 =$

Practice Adding, Subtracting, Multiplying, and Dividing Mixed Fractions Workbook

4/9 + 1 4/5 =   2 2/3 + 3 1/2 =   1 1/8 + 1/6 =   2 1/4 + 1/8 =

2 1/2 + 1 4/5 =   8/9 + 1/6 =   7/8 + 4 1/2 =   1 1/7 + 1/3 =

1 1/8 + 1/6 =   1/3 + 8/9 =   1/9 + 1/3 =   4/7 + 1 2/3 =

1 3/5 + 1 1/4 =   2 1/3 + 5/9 =   2/9 + 1 1/8 =   4/7 + 5/6 =

2 1/3 + 7/9 =   1/5 + 1/6 =   2/7 + 2/7 =   1/2 + 1 1/4 =

$2/3 + 1/2 =$ $4/5 + 1\ 1/8 =$ $1/4 + 1/2 =$ $6/7 + 5/7 =$

$1\ 2/3 + 2/9 =$ $7/9 + 1/6 =$ $1/8 + 1\ 3/5 =$ $1/6 + 8/9 =$

$2/9 + 2\ 1/3 =$ $5/9 + 2/7 =$ $3/4 + 5/7 =$ $4/5 + 1/4 =$

$4/7 + 2/7 =$ $6/7 + 1\ 2/7 =$ $2/9 + 1/4 =$ $1/5 + 1\ 1/2 =$

$1\ 4/5 + 2\ 1/3 =$ $1\ 2/5 + 4/9 =$ $1\ 2/5 + 3/8 =$ $2\ 1/4 + 7/9 =$

Practice Adding, Subtracting, Multiplying, and Dividing Mixed Fractions Workbook

$4\ 1/2 + 1\ 3/4 =$ $6/7 + 1\ 2/7 =$ $2\ 1/2 + 1\ 1/7 =$ $7/8 + 1/3 =$

$3/5 + 1\ 1/3 =$ $5/9 + 5/7 =$ $2\ 1/2 + 1/6 =$ $1/5 + 1\ 2/3 =$

$4/5 + 3\ 1/2 =$ $2\ 1/4 + 1/7 =$ $1/6 + 1/8 =$ $2/9 + 1\ 1/3 =$

$1\ 2/5 + 7/8 =$ $3/8 + 5/6 =$ $2/9 + 1/9 =$ $2\ 1/2 + 5/8 =$

$5/9 + 2\ 1/2 =$ $3/4 + 1\ 1/8 =$ $2/3 + 7/8 =$ $1\ 1/3 + 1/5 =$

$5/9 + 1\ 1/6 =$ $1\ 2/7 + 2\ 1/4 =$ $1\ 1/6 + 1/2 =$ $1\ 2/5 + 1/8 =$

$1\ 1/6 + 1\ 1/3 =$ $1/2 + 2\ 1/3 =$ $1\ 4/5 + 1/6 =$ $6/7 + 5/9 =$

$1\ 1/6 + 1/4 =$ $1/8 + 8/9 =$ $2\ 1/2 + 1\ 1/8 =$ $1\ 1/3 + 5/9 =$

$4\ 1/2 + 3/5 =$ $2/3 + 3/4 =$ $2/5 + 1/3 =$ $7/9 + 1/5 =$

$1/3 + 1/9 =$ $1\ 3/5 + 1\ 3/4 =$ $3\ 1/2 + 1\ 3/4 =$ $8/9 + 6/7 =$

Practice Adding, Subtracting, Multiplying, and Dividing Mixed Fractions Workbook

$2/9 + 1\ 1/3 =$ $2\ 1/2 + 8/9 =$ $5/7 + 2/5 =$ $1/4 + 1\ 1/5 =$

$3/4 + 1/7 =$ $2/9 + 2\ 1/2 =$ $4/9 + 1/8 =$ $3\ 1/2 + 7/9 =$

$4\ 1/2 + 1/8 =$ $5/6 + 4/7 =$ $5/9 + 1/3 =$ $2/3 + 1/4 =$

$3/7 + 5/8 =$ $5/9 + 1\ 2/3 =$ $2/5 + 4/7 =$ $2/5 + 2/9 =$

$4/9 + 1/2 =$ $3/8 + 2/5 =$ $1/5 + 3\ 1/2 =$ $1/7 + 1\ 2/3 =$

2 2/3 + 1 3/5 =	1 1/2 + 1 1/3 =	1/8 + 1 4/5 =	1 2/7 + 2 1/4 =

5/9 + 5/8 =	2 1/3 + 2 1/2 =	4/7 + 1 1/8 =	1 1/7 + 2 1/3 =

7/8 + 5/8 =	2 1/2 + 4/7 =	1 2/7 + 1 1/8 =	2/3 + 1 2/7 =

7/9 + 1 1/2 =	1 1/6 + 7/9 =	1 2/5 + 6/7 =	1 1/4 + 3/7 =

2/7 + 4/7 =	7/8 + 1 4/5 =	1 1/8 + 2 1/3 =	1 1/3 + 5/7 =

Practice Adding, Subtracting, Multiplying, and Dividing Mixed Fractions Workbook

$7/8 + 1\ 4/5 =$ $1\ 1/6 + 1\ 2/7 =$ $2/7 + 1/4 =$ $4/5 + 7/9 =$

$1\ 1/4 + 2/7 =$ $2/7 + 1\ 3/5 =$ $1/6 + 1\ 2/5 =$ $1\ 1/8 + 3\ 1/2 =$

$1\ 1/7 + 1\ 2/3 =$ $1\ 2/3 + 4/7 =$ $3/7 + 1\ 1/2 =$ $2\ 1/2 + 1\ 1/4 =$

$2\ 1/2 + 2\ 1/3 =$ $2/7 + 1/3 =$ $1\ 1/2 + 4/7 =$ $7/9 + 1/2 =$

$3\ 1/2 + 6/7 =$ $2/7 + 4\ 1/2 =$ $5/6 + 1/9 =$ $1\ 1/3 + 1\ 1/8 =$

Improve Your Math Fluency Series

2 2/3 + 1/2 =		1/2 + 1 1/4 =		7/9 + 5/8 =		4/9 + 1 2/7 =

2 1/2 + 1/6 =		6/7 + 7/8 =		3 1/2 + 8/9 =		3/4 + 4/9 =

5/6 + 1 4/5 =		1 1/5 + 2 1/3 =		4 1/2 + 1 1/8 =		4/7 + 2 2/3 =

5/7 + 7/8 =		4/7 + 3/5 =		1/8 + 2 1/2 =		3/8 + 3/8 =

1/8 + 1 3/4 =		1 2/5 + 5/7 =		1 3/4 + 1 2/7 =		3/8 + 1 3/5 =

Practice Adding, Subtracting, Multiplying, and Dividing Mixed Fractions Workbook

$5/7 + 1\ 1/2 =$ $1\ 2/5 + 1/6 =$ $1/7 + 4/5 =$ $1/7 + 1/8 =$

$1/2 + 2/5 =$ $4/9 + 1\ 1/5 =$ $2/9 + 1\ 1/7 =$ $4/9 + 7/9 =$

$3/4 + 1/2 =$ $1\ 1/7 + 2\ 2/3 =$ $1\ 1/3 + 1/8 =$ $1\ 3/5 + 4\ 1/2 =$

$1/3 + 1/4 =$ $1/5 + 5/6 =$ $1/2 + 2/7 =$ $1/2 + 2\ 1/4 =$

$2/9 + 6/7 =$ $1/3 + 1/6 =$ $1/6 + 2\ 2/3 =$ $2\ 2/3 + 1\ 3/5 =$

Improve Your Math Fluency Series

$1\ 1/2 + 4/7 =$ $4/9 + 1/8 =$ $1\ 1/5 + 1/6 =$ $5/6 + 1/7 =$

$1/5 + 2\ 1/3 =$ $3/8 + 5/9 =$ $3/7 + 3/8 =$ $2\ 1/4 + 2\ 1/2 =$

$4\ 1/2 + 2\ 2/3 =$ $1/3 + 4\ 1/2 =$ $2\ 1/4 + 1/4 =$ $2/5 + 3\ 1/2 =$

$7/9 + 1/9 =$ $4/5 + 1/3 =$ $1\ 1/2 + 1/5 =$ $5/9 + 4/7 =$

$1/7 + 4/9 =$ $2\ 1/3 + 3/4 =$ $2/9 + 7/8 =$ $5/8 + 1\ 1/5 =$

Practice Adding, Subtracting, Multiplying, and Dividing Mixed Fractions Workbook

1 2/5 + 7/9 =   4/7 + 3/4 =   2 1/2 + 4/9 =   1 3/4 + 1/5 =

1 2/5 + 5/6 =   5/8 + 2/3 =   1 1/5 + 1 2/3 =   3/5 + 1/7 =

1 1/4 + 1 3/5 =   2/9 + 2 1/2 =   3/4 + 1 4/5 =   3/5 + 2 1/2 =

1 4/5 + 1/2 =   1/6 + 3/4 =   6/7 + 1/8 =   2 1/4 + 1/9 =

3/4 + 1 1/5 =   7/8 + 3 1/2 =   2/9 + 5/8 =   1/9 + 1 1/5 =

$1\ 2/7 + 1\ 1/5 =$ $2/5 + 2/7 =$ $3\ 1/2 + 1/9 =$ $2/3 + 2\ 1/2 =$

$1/8 + 2/7 =$ $5/7 + 3/4 =$ $1\ 3/4 + 1/5 =$ $1\ 1/2 + 7/9 =$

$2/9 + 1/2 =$ $1\ 2/3 + 1\ 1/2 =$ $1/4 + 5/9 =$ $1/3 + 3/8 =$

$1/5 + 1\ 2/7 =$ $2/9 + 2\ 2/3 =$ $1\ 1/3 + 1/6 =$ $1/5 + 2\ 1/2 =$

$2\ 1/2 + 1\ 1/3 =$ $2/5 + 4/5 =$ $2/7 + 4/5 =$ $7/9 + 1\ 1/2 =$

Practice Adding, Subtracting, Multiplying, and Dividing Mixed Fractions Workbook

$1\ 1/6 + 8/9 =$ $8/9 + 2/7 =$ $4/7 + 1\ 4/5 =$ $3/8 + 2/5 =$

$3/4 + 1/6 =$ $5/6 + 1\ 2/5 =$ $6/7 + 4/7 =$ $3/5 + 5/6 =$

$1\ 2/5 + 2\ 1/4 =$ $2/3 + 1\ 2/3 =$ $5/7 + 1/8 =$ $4/7 + 1/5 =$

$2/7 + 1/4 =$ $1\ 1/5 + 2/5 =$ $2/9 + 1\ 1/7 =$ $1\ 1/8 + 2\ 1/2 =$

$2\ 1/3 + 1\ 1/6 =$ $5/6 + 2\ 1/3 =$ $8/9 + 5/7 =$ $1/3 + 2\ 1/4 =$

Improve Your Math Fluency Series

5/9 + 1/3 =   1 2/5 + 1 2/7 =   1/9 + 3/8 =   1 2/7 + 1 1/6 =

1 1/2 + 4/9 =   2/9 + 3/7 =   1/5 + 1 1/8 =   2/7 + 1/8 =

1/3 + 5/6 =   4/9 + 4/9 =   1 3/5 + 4/5 =   4/7 + 1 3/4 =

1 1/3 + 6/7 =   3/4 + 1 2/7 =   1/4 + 2 1/3 =   1 3/4 + 1 1/3 =

2/3 + 4 1/2 =   8/9 + 7/9 =   1/8 + 7/9 =   1 4/5 + 2/5 =

Practice Adding, Subtracting, Multiplying, and Dividing Mixed Fractions Workbook

1/9 + 1 1/6 =   1 1/8 + 5/7 =   1/3 + 1/5 =   1 3/5 + 5/6 =

2 1/3 + 1/9 =   1/7 + 3/5 =   2/3 + 2/3 =   1 2/7 + 7/8 =

1/7 + 1 2/3 =   8/9 + 5/9 =   1 1/6 + 3/8 =   1 3/5 + 2/7 =

1 1/6 + 5/7 =   1/5 + 5/8 =   1 3/4 + 2 1/2 =   7/8 + 7/9 =

6/7 + 1 2/5 =   4/5 + 2/5 =   5/7 + 1 1/3 =   1 1/4 + 4/7 =

$1/7 + 1\ 1/7 =$ $1\ 1/6 + 3\ 1/2 =$ $1\ 2/5 + 3/4 =$ $1\ 2/5 + 2\ 2/3 =$

$2/9 + 3/8 =$ $1\ 1/7 + 1\ 4/5 =$ $7/9 + 1/8 =$ $2\ 1/3 + 2/9 =$

$3/5 + 1\ 1/7 =$ $1\ 1/7 + 2\ 1/3 =$ $2\ 1/4 + 1\ 1/5 =$ $1\ 2/7 + 2/7 =$

$1/2 + 1\ 3/5 =$ $1\ 1/4 + 2\ 1/2 =$ $2\ 1/3 + 1/9 =$ $6/7 + 1\ 2/3 =$

$2/9 + 1\ 2/7 =$ $1/8 + 3\ 1/2 =$ $1\ 1/3 + 5/6 =$ $1/4 + 1\ 1/5 =$

Practice Adding, Subtracting, Multiplying, and Dividing Mixed Fractions Workbook

$4/7 + 4\ 1/2 =$ $3/7 + 5/8 =$ $8/9 + 2/5 =$ $1\ 1/3 + 1/8 =$

$5/9 + 4/5 =$ $3/5 + 1/5 =$ $1/7 + 1\ 1/5 =$ $3/4 + 1\ 1/2 =$

$5/9 + 5/6 =$ $1/9 + 2/5 =$ $2/5 + 4/9 =$ $8/9 + 2\ 2/3 =$

$4\ 1/2 + 5/8 =$ $1/3 + 3\ 1/2 =$ $1\ 2/3 + 1/5 =$ $1\ 1/4 + 1\ 2/7 =$

$4/7 + 6/7 =$ $7/9 + 3/7 =$ $2/3 + 1\ 1/5 =$ $1/7 + 1\ 3/4 =$

Improve Your Math Fluency Series

$1/3 + 3/4 =$ $\qquad$ $2/5 + 1/8 =$ $\qquad$ $8/9 + 2/9 =$ $\qquad$ $4/9 + 2/5 =$

$1\ 1/6 + 1/9 =$ $\qquad$ $1\ 1/5 + 1/4 =$ $\qquad$ $1/9 + 2/5 =$ $\qquad$ $2/9 + 1\ 1/6 =$

$4/7 + 1\ 4/5 =$ $\qquad$ $4/9 + 2/5 =$ $\qquad$ $1/6 + 4/5 =$ $\qquad$ $5/7 + 5/6 =$

$1\ 1/7 + 1\ 2/7 =$ $\qquad$ $1\ 2/7 + 6/7 =$ $\qquad$ $2\ 2/3 + 2/9 =$ $\qquad$ $6/7 + 2/3 =$

$1/8 + 1\ 3/5 =$ $\qquad$ $1\ 1/5 + 1\ 3/4 =$ $\qquad$ $1/6 + 2\ 2/3 =$ $\qquad$ $3/4 + 1/9 =$

Practice Adding, Subtracting, Multiplying, and Dividing Mixed Fractions Workbook

$3/7 + 1/4 =$　　$1\ 2/5 + 1\ 1/2 =$　　$2\ 1/2 + 1\ 1/6 =$　　$2/3 + 1\ 4/5 =$

$1\ 4/5 + 1\ 2/5 =$　　$3/5 + 2/3 =$　　$3/4 + 1\ 1/7 =$　　$3/4 + 2/5 =$

$3/4 + 1/8 =$　　$3/8 + 3/5 =$　　$5/9 + 1\ 3/5 =$　　$5/9 + 3/4 =$

$1\ 1/8 + 2/9 =$　　$4/9 + 4/9 =$　　$2\ 2/3 + 1\ 3/4 =$　　$2/9 + 7/8 =$

$1/3 + 4/7 =$　　$1\ 1/6 + 1/6 =$　　$1\ 1/3 + 1/5 =$　　$5/7 + 5/6 =$

Improve Your Math Fluency Series

$1\ 1/3 + 5/7 =$ $\qquad$ $1/4 + 2/7 =$ $\qquad$ $4\ 1/2 + 2\ 2/3 =$ $\qquad$ $2\ 1/2 + 4/9 =$

$1\ 1/8 + 2\ 1/2 =$ $\qquad$ $8/9 + 2\ 1/4 =$ $\qquad$ $1/4 + 2\ 1/3 =$ $\qquad$ $5/7 + 1/9 =$

$1/4 + 1\ 2/5 =$ $\qquad$ $2\ 1/4 + 2\ 2/3 =$ $\qquad$ $3/5 + 2\ 1/2 =$ $\qquad$ $1\ 1/5 + 2/9 =$

$1/8 + 1/8 =$ $\qquad$ $1\ 3/4 + 3/7 =$ $\qquad$ $5/6 + 3/5 =$ $\qquad$ $1\ 1/8 + 1\ 1/6 =$

$1\ 1/7 + 1\ 4/5 =$ $\qquad$ $1/7 + 1\ 2/3 =$ $\qquad$ $2/3 + 5/7 =$ $\qquad$ $5/9 + 1/6 =$

Practice Adding, Subtracting, Multiplying, and Dividing Mixed Fractions Workbook

1 4/5 + 4/7 =   1 1/7 + 7/8 =   2 1/4 + 5/9 =   2/3 + 1 1/5 =

1 1/3 + 1 3/5 =   8/9 + 1 1/4 =   8/9 + 1 4/5 =   4/9 + 1 1/8 =

2/5 + 1/2 =   1 1/3 + 1 1/2 =   1 3/5 + 5/8 =   3/8 + 1/2 =

1 2/3 + 3/5 =   1/2 + 2 1/4 =   1 2/5 + 8/9 =   2 1/4 + 1/5 =

2 2/3 + 4 1/2 =   5/7 + 1 1/5 =   1/9 + 1/2 =   1/9 + 1/8 =

Improve Your Math Fluency Series

A	B	C	D
1 1/7 + 1 1/7 =	3 1/2 + 1 1/3 =	1 1/6 + 1 1/8 =	1/8 + 2/5 =
1 1/6 + 3/7 =	5/6 + 1 2/5 =	1/3 + 4 1/2 =	3/5 + 1 1/5 =
7/9 + 2 1/4 =	1 1/3 + 1/8 =	1 1/3 + 2/5 =	7/9 + 4 1/2 =
1/7 + 1 1/3 =	5/9 + 5/9 =	5/8 + 1/3 =	1 1/2 + 6/7 =
1 2/3 + 2/5 =	3/7 + 1/5 =	4 1/2 + 4/9 =	6/7 + 3 1/2 =

Part 2: Practice Subtracting Mixed Fractions

$1\ 1/4 - 1\ 1/7 =$ $1\ 2/5 - 1/4 =$ $2\ 2/3 - 1\ 1/7 =$ $1\ 2/3 - 1/9 =$

$2\ 2/3 - 4/9 =$ $8/9 - 7/9 =$ $1\ 1/5 - 2/3 =$ $2\ 1/3 - 1\ 2/7 =$

$5/9 - 1/5 =$ $2\ 1/3 - 1\ 1/8 =$ $2\ 1/3 - 1\ 1/8 =$ $1\ 2/7 - 7/9 =$

$5/9 - 3/8 =$ $4/5 - 1/3 =$ $4\ 1/2 - 2/3 =$ $3/4 - 1/6 =$

Improve Your Math Fluency Series

$5/8 - 1/9 =$ $7/8 - 1/3 =$ $1\ 2/7 - 1/7 =$ $5/9 - 4/9 =$

$1/2 - 3/8 =$ $4/7 - 2/9 =$ $1\ 2/5 - 1/5 =$ $3/7 - 1/5 =$

$5/9 - 4/9 =$ $5/8 - 2/9 =$ $2\ 1/3 - 2/3 =$ $2\ 1/2 - 8/9 =$

$1\ 4/5 - 1/4 =$ $2\ 1/2 - 4/5 =$ $2\ 1/2 - 1/9 =$ $1\ 4/5 - 7/9 =$

$1\ 1/2 - 4/9 =$ $5/6 - 3/8 =$ $1\ 2/7 - 3/4 =$ $3\ 1/2 - 2\ 2/3 =$

Practice Adding, Subtracting, Multiplying, and Dividing Mixed Fractions Workbook

4/7 – 1/8 =   2 1/4 – 1 1/7 =   1 2/3 – 7/8 =   4 1/2 – 1 1/5 =

4 1/2 – 2 2/3 =   1 4/5 – 2/7 =   1 1/7 – 1/9 =   1/3 – 1/8 =

2 1/3 – 1 1/5 =   7/9 – 1/2 =   4/5 – 1/3 =   2/7 – 1/6 =

1 3/4 – 4/9 =   2/3 – 1/2 =   1 3/5 – 1 1/2 =   4/5 – 1/6 =

2 1/2 – 1/3 =   8/9 – 2/9 =   2 2/3 – 1/5 =   1 3/5 – 1/6 =

Improve Your Math Fluency Series

5/6 − 4/7 =   1 2/3 − 4/5 =   2 1/4 − 1/6 =   1 2/3 − 1/5 =

1 2/7 − 4/5 =   1 1/4 − 3/8 =   1 1/7 − 2/9 =   1 3/4 − 8/9 =

1 1/4 − 2/3 =   5/7 − 5/8 =   1 1/3 − 1/5 =   1 1/3 − 5/7 =

4/5 − 3/8 =   3 1/2 − 1 1/7 =   1 3/4 − 1 1/8 =   5/6 − 3/7 =

3/7 − 1/9 =   1 3/5 − 4/7 =   1 4/5 − 6/7 =   7/9 − 1/9 =

Practice Adding, Subtracting, Multiplying, and Dividing Mixed Fractions Workbook

$4\ 1/2 - 1/4 =$ $1\ 3/5 - 2/7 =$ $1\ 1/6 - 4/9 =$ $3/5 - 4/9 =$

$8/9 - 1/7 =$ $7/8 - 2/5 =$ $2\ 2/3 - 1\ 2/5 =$ $3/5 - 5/9 =$

$1\ 1/8 - 7/9 =$ $1\ 1/3 - 3/4 =$ $5/6 - 7/9 =$ $1\ 1/6 - 2/3 =$

$2/3 - 5/9 =$ $4/9 - 1/6 =$ $1\ 1/2 - 3/8 =$ $2\ 1/2 - 5/7 =$

$4/7 - 3/8 =$ $2\ 1/2 - 2/9 =$ $1\ 1/8 - 5/8 =$ $1\ 1/5 - 1/8 =$

$1\ 3/5 - 1/5 =$ $\qquad$ $1\ 1/7 - 5/8 =$ $\qquad$ $1\ 4/5 - 5/9 =$ $\qquad$ $8/9 - 4/7 =$

$2\ 1/2 - 4/5 =$ $\qquad$ $8/9 - 2/7 =$ $\qquad$ $2/3 - 4/7 =$ $\qquad$ $2\ 1/4 - 1\ 1/3 =$

$1\ 1/6 - 1/8 =$ $\qquad$ $2\ 1/2 - 3/4 =$ $\qquad$ $2\ 1/4 - 2/5 =$ $\qquad$ $1\ 3/5 - 1/6 =$

$1/3 - 1/7 =$ $\qquad$ $3\ 1/2 - 2/9 =$ $\qquad$ $2/5 - 1/8 =$ $\qquad$ $1\ 1/3 - 4/9 =$

$1\ 1/7 - 1/6 =$ $\qquad$ $1\ 3/5 - 5/8 =$ $\qquad$ $1\ 2/5 - 1/8 =$ $\qquad$ $4/5 - 3/7 =$

Practice Adding, Subtracting, Multiplying, and Dividing Mixed Fractions Workbook

$1\ 3/4 - 1\ 2/3 =$ $1\ 1/3 - 4/7 =$ $8/9 - 4/9 =$ $4/9 - 3/8 =$

$1\ 3/5 - 1/4 =$ $5/8 - 5/9 =$ $2\ 1/3 - 1/2 =$ $2\ 1/4 - 1\ 3/4 =$

$1\ 3/5 - 1\ 1/7 =$ $7/9 - 1/3 =$ $1\ 2/7 - 3/7 =$ $1\ 2/3 - 3/4 =$

$3\ 1/2 - 1\ 3/4 =$ $2\ 2/3 - 2\ 1/2 =$ $1\ 1/7 - 1/2 =$ $1\ 1/4 - 1/3 =$

$1\ 2/5 - 1/2 =$ $4\ 1/2 - 1\ 1/5 =$ $4\ 1/2 - 1\ 1/7 =$ $1\ 4/5 - 1\ 1/4 =$

Improve Your Math Fluency Series

$1\ 1/5 - 1/7 =$ $3/7 - 1/7 =$ $1\ 1/6 - 6/7 =$ $1\ 2/3 - 1/8 =$

$1\ 1/5 - 4/5 =$ $3/4 - 5/9 =$ $1\ 1/7 - 5/6 =$ $1/5 - 1/8 =$

$1\ 2/7 - 1/3 =$ $1\ 3/5 - 3/8 =$ $2\ 1/2 - 1\ 2/3 =$ $2\ 2/3 - 3/5 =$

$1\ 3/5 - 1\ 1/5 =$ $1\ 3/5 - 4/7 =$ $3/5 - 1/7 =$ $1\ 1/6 - 2/5 =$

$1\ 3/5 - 1/6 =$ $1\ 4/5 - 1\ 1/8 =$ $6/7 - 4/5 =$ $1\ 1/2 - 1\ 1/7 =$

Practice Adding, Subtracting, Multiplying, and Dividing Mixed Fractions Workbook

1 1/6 – 2/5 =   1 1/2 – 3/4 =   1 2/5 – 3/4 =   3/7 – 3/8 =

1 1/3 – 6/7 =   1 1/3 – 3/8 =   6/7 – 3/4 =   1 1/7 – 8/9 =

1/3 – 1/9 =   1 2/3 – 1 2/7 =   4/5 – 4/9 =   3/4 – 2/3 =

2 1/4 – 8/9 =   4/7 – 2/5 =   6/7 – 1/6 =   1 4/5 – 1 1/5 =

1 2/7 – 4/9 =   1 1/5 – 4/7 =   5/6 – 5/9 =   1 1/5 – 3/7 =

Improve Your Math Fluency Series

$5/7 - 2/9 =$ $1\ 1/5 - 1\ 1/7 =$ $2\ 2/3 - 1\ 1/3 =$ $2\ 1/2 - 4/7 =$

$2\ 1/2 - 1\ 1/4 =$ $2\ 1/4 - 7/9 =$ $1\ 1/3 - 7/8 =$ $1\ 1/7 - 3/4 =$

$2\ 1/4 - 1\ 4/5 =$ $1\ 1/2 - 1\ 1/5 =$ $8/9 - 2/3 =$ $3/4 - 4/7 =$

$1\ 2/7 - 1\ 1/8 =$ $1\ 4/5 - 1/3 =$ $2/5 - 1/5 =$ $3\ 1/2 - 1/8 =$

$7/8 - 2/5 =$ $1\ 1/6 - 7/9 =$ $1\ 3/5 - 1\ 1/4 =$ $2/3 - 1/3 =$

Practice Adding, Subtracting, Multiplying, and Dividing Mixed Fractions Workbook

$1/6 - 1/8 =$ $2\ 2/3 - 1\ 2/7 =$ $1\ 2/3 - 5/9 =$ $1\ 2/3 - 2/9 =$

$3/4 - 4/9 =$ $7/9 - 1/3 =$ $7/9 - 5/9 =$ $3/4 - 1/4 =$

$3/7 - 1/8 =$ $2\ 2/3 - 5/7 =$ $1\ 1/5 - 1\ 1/8 =$ $3\ 1/2 - 1/3 =$

$1\ 1/4 - 8/9 =$ $4\ 1/2 - 3/5 =$ $8/9 - 5/6 =$ $1\ 1/3 - 8/9 =$

$1\ 1/3 - 5/7 =$ $1\ 1/2 - 1/9 =$ $1\ 1/4 - 2/3 =$ $1\ 2/7 - 1\ 1/8 =$

Improve Your Math Fluency Series

$7/9 - 3/4 =$　　　$1\ 3/4 - 1/8 =$　　　$1\ 1/3 - 1/6 =$　　　$2/7 - 1/8 =$

$4\ 1/2 - 8/9 =$　　　$2/9 - 1/9 =$　　　$1\ 2/7 - 1\ 1/4 =$　　　$5/8 - 3/7 =$

$1\ 2/7 - 7/9 =$　　　$1/5 - 1/7 =$　　　$1\ 1/2 - 1\ 1/7 =$　　　$1\ 1/8 - 3/7 =$

$2\ 1/4 - 1\ 2/3 =$　　　$1\ 1/7 - 1/4 =$　　　$1\ 4/5 - 3/8 =$　　　$1\ 1/5 - 3/5 =$

$1\ 1/2 - 1/3 =$　　　$2/5 - 2/7 =$　　　$5/8 - 1/3 =$　　　$2\ 1/4 - 2/3 =$

Practice Adding, Subtracting, Multiplying, and Dividing Mixed Fractions Workbook

$4\ 1/2 - 1\ 2/7 =$ $1\ 1/4 - 1/9 =$ $1/2 - 1/5 =$ $6/7 - 1/3 =$

$1\ 2/5 - 1/5 =$ $1\ 4/5 - 5/8 =$ $1\ 1/3 - 1/2 =$ $1\ 1/7 - 1\ 1/8 =$

$1\ 2/3 - 2/7 =$ $1\ 2/7 - 7/9 =$ $2\ 1/4 - 1/2 =$ $4/7 - 1/7 =$

$2\ 2/3 - 1\ 1/3 =$ $2\ 1/3 - 6/7 =$ $2\ 1/2 - 2/5 =$ $2/7 - 1/6 =$

$1/2 - 1/5 =$ $1\ 1/7 - 2/9 =$ $1\ 1/2 - 6/7 =$ $1/2 - 1/8 =$

$5/6 - 1/9 =$ $1\ 3/4 - 1/4 =$ $1\ 1/2 - 7/8 =$ $1\ 2/3 - 5/8 =$

$1\ 2/3 - 3/5 =$ $1/3 - 2/9 =$ $1\ 1/4 - 1/8 =$ $2\ 2/3 - 1\ 1/7 =$

$2\ 1/3 - 1\ 2/3 =$ $1\ 2/3 - 1\ 1/8 =$ $2\ 1/4 - 1\ 1/8 =$ $7/8 - 3/8 =$

$1\ 3/4 - 1/4 =$ $5/6 - 2/7 =$ $1\ 3/4 - 1/8 =$ $2\ 1/4 - 1/5 =$

$2/3 - 1/8 =$ $7/8 - 2/7 =$ $1\ 1/4 - 1\ 1/7 =$ $1\ 2/5 - 2/3 =$

Practice Adding, Subtracting, Multiplying, and Dividing Mixed Fractions Workbook

$1\ 1/6 - 1/7 =$ $1\ 1/5 - 3/4 =$ $4\ 1/2 - 2/5 =$ $1\ 3/5 - 1/5 =$

$7/9 - 1/3 =$ $1\ 2/3 - 1/4 =$ $1\ 4/5 - 2/9 =$ $1\ 1/4 - 7/8 =$

$1\ 1/5 - 5/9 =$ $1/4 - 1/5 =$ $3/7 - 2/7 =$ $3/7 - 3/8 =$

$2\ 1/2 - 2\ 1/3 =$ $5/8 - 2/5 =$ $1\ 1/4 - 3/4 =$ $3/5 - 1/2 =$

$2/9 - 1/5 =$ $1\ 3/4 - 1/9 =$ $2\ 2/3 - 5/6 =$ $1\ 2/7 - 4/7 =$

Improve Your Math Fluency Series

7/8 − 5/6 =   3 1/2 − 1 2/5 =   1/2 − 2/9 =   1 1/2 − 3/8 =

1 1/4 − 2/3 =   1 1/4 − 5/6 =   3/5 − 5/9 =   7/8 − 1/7 =

1 3/4 − 3/5 =   1 2/5 − 1/3 =   4/5 − 1/8 =   1 2/3 − 3/4 =

2/3 − 1/2 =   1 2/5 − 4/9 =   7/9 − 3/4 =   2 1/2 − 1/3 =

3 1/2 − 3/7 =   1 1/8 − 7/8 =   3 1/2 − 2 1/3 =   1 1/5 − 1 1/8 =

Practice Adding, Subtracting, Multiplying, and Dividing Mixed Fractions Workbook

$3\ 1/2 - 2\ 1/4 =$ $1\ 1/6 - 4/5 =$ $1\ 3/4 - 1\ 1/8 =$ $1\ 2/3 - 1/5 =$

$4\ 1/2 - 1/6 =$ $1/2 - 1/6 =$ $1\ 1/6 - 4/5 =$ $2\ 1/3 - 1/6 =$

$1\ 1/2 - 5/9 =$ $6/7 - 4/5 =$ $1\ 1/6 - 6/7 =$ $4/7 - 1/3 =$

$5/6 - 4/9 =$ $1\ 3/5 - 1\ 2/7 =$ $2\ 1/3 - 1\ 1/8 =$ $1\ 2/3 - 1/9 =$

$1\ 4/5 - 4/9 =$ $1\ 3/4 - 3/7 =$ $5/6 - 1/5 =$ $1\ 1/4 - 2/3 =$

Improve Your Math Fluency Series

1 1/4 – 1 1/6 =   1 1/5 – 2/5 =   4 1/2 – 1/6 =   1 1/2 – 2/7 =

4/5 – 7/9 =   2 1/4 – 7/9 =   4/7 – 2/9 =   1 2/5 – 1 1/6 =

1 3/4 – 1 1/4 =   2 2/3 – 2 1/3 =   1 1/4 – 1/7 =   4 1/2 – 2/7 =

3/5 – 1/3 =   1 1/5 – 5/7 =   6/7 – 1/7 =   1 1/5 – 3/8 =

1 1/3 – 1 1/7 =   2 1/2 – 2/7 =   1 3/5 – 1/5 =   1 3/5 – 1 1/3 =

Practice Adding, Subtracting, Multiplying, and Dividing Mixed Fractions Workbook

1 1/4 – 2/7 =   2 1/3 – 4/5 =   1 3/5 – 3/4 =   2 2/3 – 3/7 =

5/7 – 2/7 =   4/5 – 5/8 =   1 3/4 – 1/2 =   5/9 – 2/7 =

1 4/5 – 2/7 =   2/7 – 2/9 =   2 1/4 – 1 2/5 =   5/8 – 4/7 =

2 2/3 – 1/8 =   1 2/7 – 7/8 =   1 4/5 – 5/7 =   2 1/3 – 7/8 =

2 1/2 – 1 2/3 =   2 1/3 – 7/8 =   1 3/4 – 4/9 =   1 3/5 – 1 1/6 =

1 1/8 − 5/8 =	1 1/8 − 7/9 =	1 3/5 − 5/6 =	1 1/5 − 1/9 =
1 1/2 − 4/9 =	1 4/5 − 6/7 =	1 3/4 − 4/7 =	8/9 − 5/8 =
2 1/2 − 2/7 =	3/5 − 3/8 =	4 1/2 − 2 1/4 =	5/6 − 5/8 =
4 1/2 − 2 1/4 =	4/5 − 2/3 =	2 1/4 − 2/3 =	2 2/3 − 1 3/4 =
4/5 − 1/6 =	4 1/2 − 1 1/5 =	2 2/3 − 5/7 =	1 1/3 − 1/9 =

Practice Adding, Subtracting, Multiplying, and Dividing Mixed Fractions Workbook

$1\ 2/7 - 3/5 =$ $2\ 1/4 - 3/7 =$ $2\ 2/3 - 4/7 =$ $8/9 - 5/9 =$

$1\ 3/4 - 1/4 =$ $1/4 - 1/8 =$ $2/3 - 5/9 =$ $4\ 1/2 - 5/8 =$

$1\ 3/4 - 1/3 =$ $5/8 - 1/2 =$ $4\ 1/2 - 1\ 1/4 =$ $1/5 - 1/8 =$

$1\ 1/4 - 6/7 =$ $2/3 - 1/6 =$ $1\ 3/4 - 1\ 1/8 =$ $2\ 2/3 - 1\ 2/5 =$

$3\ 1/2 - 3/4 =$ $1\ 2/3 - 1\ 2/5 =$ $2\ 2/3 - 1\ 2/5 =$ $2/3 - 4/7 =$

Improve Your Math Fluency Series

1 1/7 – 1/6 =   1 1/8 – 4/7 =   1 3/4 – 1 3/5 =   1 1/2 – 3/4 =

2 1/4 – 3/4 =   1 1/6 – 2/7 =   4/7 – 3/7 =   1 1/7 – 3/7 =

1 4/5 – 1/9 =   2 1/2 – 1 2/5 =   5/7 – 3/8 =   2 1/3 – 1 1/4 =

1 1/8 – 2/7 =   5/7 – 1/2 =   1 1/6 – 5/8 =   2 1/2 – 1 4/5 =

1 2/3 – 1/2 =   1 1/8 – 1/5 =   1 2/7 – 1/3 =   7/9 – 3/7 =

Practice Adding, Subtracting, Multiplying, and Dividing Mixed Fractions Workbook

2/3 − 2/9 =   2 1/2 − 5/6 =   4/5 − 1/8 =   1 4/5 − 1 2/3 =

3/7 − 2/9 =   1 1/5 − 4/9 =   3/7 − 1/4 =   2 1/2 − 1 2/7 =

3 1/2 − 2/5 =   5/8 − 1/5 =   8/9 − 1/3 =   5/8 − 4/9 =

1 1/6 − 2/7 =   1 1/2 − 4/5 =   1 4/5 − 1 2/5 =   6/7 − 3/8 =

1 2/3 − 1 1/7 =   1 1/3 − 7/8 =   2 1/2 − 1/7 =   1 3/5 − 4/9 =

Improve Your Math Fluency Series

$1\ 1/4 - 1\ 1/7 =$ $4\ 1/2 - 1/9 =$ $2\ 1/4 - 4/5 =$ $1\ 1/4 - 1/7 =$

$1\ 2/5 - 7/8 =$ $1\ 1/8 - 7/8 =$ $3/5 - 1/5 =$ $2\ 1/3 - 4/5 =$

$4/5 - 5/8 =$ $1\ 3/4 - 1\ 2/3 =$ $2\ 1/4 - 1/6 =$ $1\ 2/3 - 7/8 =$

$1\ 3/5 - 1/8 =$ $2\ 1/4 - 3/5 =$ $1\ 1/3 - 4/7 =$ $1\ 2/5 - 4/7 =$

$7/8 - 1/5 =$ $3/5 - 2/5 =$ $1\ 2/3 - 4/9 =$ $4/5 - 1/4 =$

Practice Adding, Subtracting, Multiplying, and Dividing Mixed Fractions Workbook

1)   1 2/7 – 1/9 =   4 1/2 – 1 1/3 =   1 2/3 – 2/9 =   1 2/7 – 4/7 =

2)   1 2/3 – 8/9 =   1 4/5 – 2/5 =   1 1/2 – 5/8 =   2 1/3 – 1 2/3 =

3)   8/9 – 5/9 =   2 1/2 – 3/8 =   1 1/4 – 1/5 =   1 3/4 – 1/9 =

4)   1 1/5 – 7/8 =   1 1/6 – 1/8 =   4/7 – 1/6 =   2 1/2 – 1 2/7 =

5)   8/9 – 1/8 =   1 3/5 – 6/7 =   5/6 – 1/3 =   2 1/4 – 1 1/6 =

Part 3: Practice Multiplying Mixed Fractions

5/8 × 1 3/4 =   1/9 × 1 1/6 =   2/7 × 5/7 =   1 4/5 × 6/7 =

1 3/4 × 7/9 =   1 3/4 × 1/5 =   1 1/6 × 5/9 =   5/9 × 6/7 =

1 1/2 × 2/5 =   5/8 × 1 2/7 =   2 1/4 × 2 1/4 =   1 4/5 × 1/8 =

1 1/4 × 5/7 =   8/9 × 1 2/5 =   2 1/4 × 5/6 =   3/8 × 1/5 =

Practice Adding, Subtracting, Multiplying, and Dividing Mixed Fractions Workbook

1. $3/4 \times 2/7 =$ $4/9 \times 2/3 =$ $1\ 1/7 \times 2\ 1/4 =$ $3/8 \times 5/8 =$

$2\ 2/3 \times 3/7 =$ $2/9 \times 3/5 =$ $1\ 1/8 \times 1\ 3/5 =$ $1\ 1/3 \times 1\ 2/7 =$

$2/3 \times 1\ 1/5 =$ $4/7 \times 1\ 1/3 =$ $1\ 3/5 \times 1/6 =$ $1/3 \times 1/2 =$

$4/9 \times 1/8 =$ $2/7 \times 3/4 =$ $3/7 \times 2/5 =$ $1/3 \times 3/7 =$

$1\ 2/7 \times 1\ 2/5 =$ $1\ 4/5 \times 2\ 2/3 =$ $1/7 \times 2/5 =$ $5/6 \times 2/7 =$

1/3 × 3 1/2 =   3 1/2 × 7/8 =   5/8 × 1 1/4 =   2 1/4 × 2/7 =

4/5 × 5/6 =   1/9 × 4/7 =   1/8 × 2 1/3 =   3/7 × 1 2/3 =

1/5 × 2 2/3 =   7/8 × 1/9 =   3/4 × 1 1/4 =   5/6 × 1/2 =

1 2/7 × 1 1/5 =   3/8 × 1 1/3 =   2/5 × 1/2 =   1 1/5 × 1/7 =

3/8 × 1 1/5 =   1/6 × 1 1/6 =   7/9 × 4 1/2 =   1/2 × 5/9 =

Practice Adding, Subtracting, Multiplying, and Dividing Mixed Fractions Workbook

6/7 × 1/9 =   2/7 × 1 4/5 =   1/8 × 1 1/5 =   3/4 × 5/6 =

5/6 × 1 1/8 =   1 1/5 × 4/9 =   1 1/2 × 3/4 =   4/5 × 3/5 =

3/5 × 1/3 =   1 1/4 × 1/4 =   1/5 × 1 4/5 =   5/8 × 2 1/2 =

1/7 × 5/9 =   3/7 × 1 3/5 =   3/8 × 1 2/7 =   1/6 × 2 2/3 =

1 1/5 × 1/7 =   7/9 × 3/4 =   1 1/3 × 7/8 =   1/2 × 1 3/4 =

$1/2 \times 1/8 =$ $8/9 \times 1/9 =$ $1/7 \times 1/3 =$ $3/4 \times 3/8 =$

$2/9 \times 2/5 =$ $1\ 3/5 \times 1/4 =$ $2/5 \times 3/7 =$ $1\ 2/7 \times 1\ 1/3 =$

$1/3 \times 1\ 1/7 =$ $1\ 3/5 \times 1/6 =$ $3/7 \times 5/7 =$ $1/8 \times 3/4 =$

$1\ 2/5 \times 1\ 1/7 =$ $4/7 \times 1\ 1/3 =$ $7/8 \times 5/8 =$ $2/3 \times 1/5 =$

$5/9 \times 1\ 1/3 =$ $1\ 1/4 \times 2/9 =$ $1/6 \times 2/3 =$ $1\ 2/5 \times 8/9 =$

Practice Adding, Subtracting, Multiplying, and Dividing Mixed Fractions Workbook

$2/5 \times 3/7 =$ $5/9 \times 4\ 1/2 =$ $2\ 1/4 \times 5/8 =$ $1\ 1/7 \times 6/7 =$

$4\ 1/2 \times 1\ 1/7 =$ $4\ 1/2 \times 3/7 =$ $1/4 \times 2/9 =$ $1\ 1/2 \times 1\ 1/4 =$

$1\ 2/3 \times 1\ 1/3 =$ $4\ 1/2 \times 1/3 =$ $4/7 \times 4/9 =$ $4/7 \times 7/8 =$

$1\ 1/8 \times 2\ 1/3 =$ $2\ 2/3 \times 1/5 =$ $1\ 1/8 \times 4/5 =$ $1\ 4/5 \times 5/6 =$

$2/3 \times 2\ 1/2 =$ $1/5 \times 1\ 1/6 =$ $1\ 2/7 \times 1\ 1/2 =$ $1\ 3/4 \times 1/8 =$

$4/7 \times 1\ 2/7 =$ $1\ 1/7 \times 4\ 1/2 =$ $6/7 \times 4\ 1/2 =$ $5/6 \times 1\ 2/3 =$

$2\ 2/3 \times 1/8 =$ $5/8 \times 2/9 =$ $4/7 \times 1\ 3/5 =$ $1\ 3/4 \times 2/7 =$

$5/9 \times 1/6 =$ $1\ 2/3 \times 5/8 =$ $1\ 3/4 \times 1\ 1/2 =$ $1\ 3/5 \times 1\ 1/6 =$

$5/7 \times 3\ 1/2 =$ $7/8 \times 1\ 2/3 =$ $2/9 \times 2/7 =$ $4/9 \times 2\ 1/3 =$

$4\ 1/2 \times 1\ 3/5 =$ $3/7 \times 4/9 =$ $1/8 \times 2/7 =$ $1\ 3/4 \times 1\ 1/4 =$

Practice Adding, Subtracting, Multiplying, and Dividing Mixed Fractions Workbook

5/7 × 2 1/3 =   1 2/3 × 4 1/2 =   1/9 × 1 3/4 =   1 1/5 × 1/2 =

1 1/4 × 1 1/8 =   2/9 × 5/7 =   1/7 × 3/5 =   1/4 × 2 2/3 =

1/9 × 2 1/3 =   4 1/2 × 1/3 =   1 1/7 × 1/7 =   1/4 × 4/5 =

4 1/2 × 4/7 =   2 1/3 × 4 1/2 =   2/3 × 3/8 =   1 1/8 × 4 1/2 =

1 2/5 × 1/2 =   1/3 × 3/7 =   1 2/7 × 2 1/4 =   4/9 × 8/9 =

Improve Your Math Fluency Series

1 1/7 × 1/7 =   2/3 × 1 1/3 =   2 1/3 × 1/3 =   1 2/5 × 6/7 =

2/5 × 1 1/2 =   3/8 × 3/4 =   8/9 × 2 1/2 =   2/5 × 5/6 =

2 1/3 × 1/2 =   1 3/4 × 4 1/2 =   1/3 × 1/7 =   1 1/3 × 1/4 =

6/7 × 2 1/4 =   2 1/4 × 1 4/5 =   4 1/2 × 4/7 =   1/6 × 2/5 =

4/7 × 4/9 =   3 1/2 × 2 2/3 =   1 4/5 × 5/7 =   2 1/4 × 2 1/2 =

Practice Adding, Subtracting, Multiplying, and Dividing Mixed Fractions Workbook

$1\ 1/5 \times 4/7 =$ $1\ 1/3 \times 4/9 =$ $3\ 1/2 \times 2\ 1/4 =$ $1\ 1/2 \times 7/9 =$

$3/5 \times 7/9 =$ $1\ 1/6 \times 4/9 =$ $5/8 \times 1\ 1/5 =$ $2\ 1/2 \times 1/3 =$

$1/4 \times 1/8 =$ $1\ 1/8 \times 1/9 =$ $3/5 \times 2\ 2/3 =$ $4/7 \times 3/4 =$

$4/7 \times 5/8 =$ $1\ 3/5 \times 1\ 3/4 =$ $2\ 1/2 \times 1\ 4/5 =$ $1\ 1/6 \times 1\ 1/6 =$

$4/5 \times 4/9 =$ $1\ 2/5 \times 1\ 1/2 =$ $8/9 \times 3\ 1/2 =$ $1/6 \times 1\ 1/3 =$

$1/6 \times 1/2 =$　　　$2\ 1/3 \times 5/7 =$　　　$1\ 1/7 \times 1/4 =$　　　$1/4 \times 5/7 =$

$6/7 \times 4/7 =$　　　$1/7 \times 4\ 1/2 =$　　　$5/6 \times 2/9 =$　　　$4\ 1/2 \times 1/3 =$

$1\ 1/4 \times 3/4 =$　　　$7/9 \times 1\ 1/7 =$　　　$1\ 1/3 \times 1/4 =$　　　$1/5 \times 1\ 2/3 =$

$7/8 \times 1/7 =$　　　$1\ 3/4 \times 2/7 =$　　　$2\ 1/3 \times 5/6 =$　　　$2/9 \times 1/7 =$

$1\ 1/3 \times 1/3 =$　　　$1/9 \times 5/6 =$　　　$7/9 \times 2/7 =$　　　$1/6 \times 4/7 =$

Practice Adding, Subtracting, Multiplying, and Dividing Mixed Fractions Workbook

3/7 × 1/8 =   1 3/5 × 1/5 =   1/4 × 8/9 =   2/9 × 1 1/2 =

2/7 × 1/3 =   4 1/2 × 1 1/8 =   1 1/4 × 2 1/2 = 1 1/2 × 1/6 =

1/8 × 1/2 =   1 1/7 × 1 1/2 =   1/8 × 7/8 =   1 3/4 × 5/7 =

4 1/2 × 3/4 =   1 2/3 × 2 1/4 =   3/8 × 2/9 =   3/5 × 1 1/3 =

4 1/2 × 1 2/3 = 2 1/2 × 1 2/5 =   2/7 × 1/3 =   2 2/3 × 1 1/3 =

2 1/3 × 1/9 =   2/7 × 5/9 =   5/9 × 5/8 =   1 2/5 × 1 2/3 =

1 3/4 × 1/2 =   5/6 × 3/8 =   4/9 × 1 2/7 =   4/9 × 6/7 =

1 1/7 × 5/7 =   1 1/2 × 8/9 =   1 4/5 × 1 1/7 = 5/8 × 1 2/7 =

1/6 × 5/9 =   3/5 × 1/7 =   1 3/5 × 3/5 =   4/9 × 1/9 =

2/9 × 1 2/3 =   1/4 × 2 2/3 =   5/7 × 1 1/6 =   2 1/2 × 2/3 =

Practice Adding, Subtracting, Multiplying, and Dividing Mixed Fractions Workbook

5/7 × 3/8 =   1 2/7 × 5/9 =   1 2/7 × 5/9 =   1 1/3 × 1 3/5 =

3/8 × 3/8 =   2 1/2 × 1 2/7 =   1/9 × 1 1/2 =   2 1/3 × 5/7 =

1 2/5 × 2/7 =   2 1/2 × 4/7 =   1 4/5 × 6/7 =   1/6 × 1 1/7 =

2/5 × 1 3/5 =   1 1/5 × 1 1/5 =   1/8 × 1 1/2 =   1/8 × 1 1/5 =

1 2/5 × 2/7 =   5/6 × 3/4 =   1 1/4 × 1 1/5 =   2 1/4 × 1 1/5 =

1/7 × 1 1/5 =   4/7 × 1 4/5 =   2 2/3 × 1 2/3 =   2 1/4 × 1 4/5 =

1 1/6 × 3/8 =   1/2 × 6/7 =   2 1/2 × 1 1/6 =   3 1/2 × 3/7 =

2 1/2 × 8/9 =   6/7 × 1/7 =   5/8 × 1 1/6 =   1/7 × 4/7 =

2 1/2 × 2 1/2 =   1/2 × 1/2 =   6/7 × 1 4/5 =   1 1/8 × 1/7 =

1 1/4 × 2 1/4 =   1/8 × 5/9 =   4/9 × 2 2/3 =   7/9 × 5/7 =

Practice Adding, Subtracting, Multiplying, and Dividing Mixed Fractions Workbook

1/6 × 1 3/4 =   1 1/3 × 1 4/5 =   2/5 × 1 2/5 =   1/2 × 7/9 =

4/9 × 1/7 =   4 1/2 × 4/5 =   7/9 × 5/8 =   1/7 × 3/4 =

1/4 × 1/9 =   1 1/8 × 1/4 =   1/8 × 2 1/4 =   1 1/2 × 1/2 =

1 1/8 × 2/7 =   2/5 × 4/7 =   1 3/4 × 1 4/5 =   1 2/7 × 2 1/4 =

1 1/3 × 3 1/2 =   3/5 × 8/9 =   3/7 × 4/9 =   3/4 × 3 1/2 =

$5/9 \times 1/7 =$　　$1/4 \times 2\ 1/3 =$　　$5/8 \times 1\ 1/4 =$　　$1\ 1/2 \times 1\ 1/4 =$

$5/7 \times 1\ 3/5 =$　　$8/9 \times 5/9 =$　　$4\ 1/2 \times 2\ 1/4 =$　　$1\ 2/3 \times 1\ 3/4 =$

$1\ 3/4 \times 1/2 =$　　$2/3 \times 1\ 1/3 =$　　$5/6 \times 2/5 =$　　$1/7 \times 5/9 =$

$3\ 1/2 \times 1/7 =$　　$3/4 \times 7/8 =$　　$1\ 2/7 \times 1\ 2/5 =$　　$1/8 \times 1\ 3/4 =$

$1/9 \times 1\ 1/8 =$　　$5/8 \times 8/9 =$　　$1\ 1/8 \times 6/7 =$　　$1/9 \times 1/4 =$

Practice Adding, Subtracting, Multiplying, and Dividing Mixed Fractions Workbook

2/9 × 3/8 =   3/4 × 7/9 =   1 1/4 × 2/5 =   5/7 × 1 1/3 =

2 2/3 × 1/3 =   1 1/3 × 2 1/3 =   2/5 × 2 2/3 =   1/4 × 3/5 =

1/8 × 2/7 =   2 2/3 × 4/5 =   1/8 × 5/9 =   1/2 × 1 2/5 =

3/7 × 5/6 =   1/2 × 7/9 =   5/6 × 1 1/8 =   1 1/2 × 1 1/5 =

5/8 × 1 2/7 =   1/2 × 1 2/5 =   3/5 × 4 1/2 =   1/3 × 1 2/7 =

Improve Your Math Fluency Series

1 1/5 × 2 1/4 =   5/9 × 1 1/3 =   1/4 × 4/5 =   1/4 × 1 1/3 =

7/9 × 2 2/3 =   1 1/6 × 1/8 =   2 2/3 × 1 1/4 =   4/9 × 1 1/8 =

6/7 × 1 2/3 =   1 4/5 × 3/5 =   2 1/4 × 1/5 =   1/2 × 3/4 =

2 1/3 × 1 4/5 =   8/9 × 5/6 =   1/9 × 1 1/2 =   5/6 × 5/7 =

1/5 × 6/7 =   5/7 × 7/9 =   1 1/2 × 1 3/5 =   4/5 × 5/9 =

Practice Adding, Subtracting, Multiplying, and Dividing Mixed Fractions Workbook

4/5 × 2/7 =		1 3/4 × 1/7 =		1/4 × 1/9 =		2/9 × 1 1/3 =

1 3/4 × 1/8 =		3 1/2 × 1/6 =		2/7 × 8/9 =		1 1/6 × 1 1/5 =

2/9 × 1/6 =		5/8 × 1/9 =		2/3 × 4/5 =		1/8 × 1/2 =

1/2 × 1/7 =		7/8 × 3 1/2 =		1 1/4 × 4/9 =		1/2 × 4 1/2 =

5/7 × 5/7 =		8/9 × 5/8 =		1 1/8 × 2 1/4 =		5/6 × 1 1/3 =

Improve Your Math Fluency Series

4/7 × 1 2/7 =   1/6 × 4/9 =   1 2/7 × 3/5 =   3/5 × 2 1/3 =

1 2/5 × 4/9 =   5/6 × 1/2 =   3/4 × 2/9 =   4/5 × 1 2/5 =

1 2/7 × 3 1/2 =   7/8 × 3/7 =   3/8 × 1 1/6 =   1 3/5 × 2 1/4 =

3/7 × 5/9 =   1 1/7 × 4/5 =   2/3 × 1/6 =   5/6 × 5/7 =

1/5 × 1/8 =   3/4 × 2 1/2 =   1 1/3 × 2/9 =   3 1/2 × 1/4 =

Practice Adding, Subtracting, Multiplying, and Dividing Mixed Fractions Workbook

4 1/2 × 1 4/5 =   1/8 × 2/9 =   1 4/5 × 6/7 =   3 1/2 × 1 2/7 =

1 1/3 × 3/5 =   2 1/2 × 3/5 =   1 4/5 × 1/7 =   1 1/5 × 3/7 =

1 1/7 × 1/5 =   4/7 × 5/9 =   2 1/3 × 5/9 =   5/7 × 1 3/4 =

1 1/5 × 1/4 =   5/9 × 5/8 =   1/2 × 2/5 =   5/6 × 5/9 =

3/7 × 1 2/3 =   7/8 × 1/6 =   1 4/5 × 7/8 =   2/3 × 1/2 =

1 4/5 × 2 1/2 =   5/8 × 1 2/7 =   1 1/6 × 4/5 =   2 1/4 × 3/5 =

1 1/2 × 1 1/8 =   1 1/7 × 1/9 =   4/9 × 1/8 =   1 1/7 × 1 2/7 =

2 2/3 × 1 1/6 =   1 3/4 × 3/4 =   2/9 × 1 1/6 =   1 2/5 × 5/6 =

1 4/5 × 2/9 =   4 1/2 × 7/9 =   1/5 × 1 4/5 =   1 3/5 × 1 3/4 =

1 3/5 × 1 3/4 =   5/6 × 4 1/2 =   1 2/5 × 1 1/2 =   7/9 × 2/7 =

Practice Adding, Subtracting, Multiplying, and Dividing Mixed Fractions Workbook

$4/7 \times 1\ 2/3 =$ $2\ 1/4 \times 3/7 =$ $3/7 \times 5/6 =$ $4/7 \times 2\ 2/3 =$

$2/5 \times 1\ 1/4 =$ $1\ 2/7 \times 4\ 1/2 =$ $6/7 \times 1/6 =$ $3/5 \times 1/4 =$

$5/9 \times 3/7 =$ $5/6 \times 8/9 =$ $3/5 \times 1\ 2/7 =$ $5/8 \times 3/5 =$

$2/5 \times 2\ 1/4 =$ $1\ 1/7 \times 5/6 =$ $1/3 \times 5/6 =$ $5/9 \times 1\ 2/5 =$

$1\ 1/5 \times 1/2 =$ $3\ 1/2 \times 1/8 =$ $1\ 1/5 \times 4/9 =$ $5/7 \times 1/2 =$

1 3/5 × 1 1/5 =	1 1/7 × 1 1/8 =	1 1/4 × 1 1/8 =	2/9 × 1/3 =
1/5 × 2/7 =	1 2/7 × 1 2/3 =	1 2/7 × 1 2/3 =	3/4 × 1 3/4 =
1 4/5 × 6/7 =	1/6 × 1/8 =	6/7 × 3/7 =	1/4 × 1 1/8 =
1/4 × 1/2 =	4 1/2 × 5/8 =	4 1/2 × 5/9 =	1 1/8 × 1 3/5 =
1 1/8 × 1 1/2 =	3/7 × 1 1/5 =	1 1/7 × 5/7 =	1 3/4 × 3 1/2 =

Part 4: Practice Dividing Mixed Fractions

A   B   C   D

8/9 ÷ 1 3/5 =   4 1/2 ÷ 6/7 =   1 1/8 ÷ 4 1/2 =   1/3 ÷ 1 1/2 =

3/5 ÷ 4/5 =   3/4 ÷ 4 1/2 =   5/7 ÷ 2 1/4 =   1/5 ÷ 1 1/3 =

1/8 ÷ 3 1/2 =   4 1/2 ÷ 1 1/6 =   2 1/4 ÷ 2/3 =   8/9 ÷ 1 1/4 =

1 1/6 ÷ 5/8 =   3/5 ÷ 1/7 =   2/3 ÷ 3 1/2 =   4 1/2 ÷ 8/9 =

Improve Your Math Fluency Series

$3/4 \div 1/6 =$ $3/7 \div 4\ 1/2 =$ $8/9 \div 4/7 =$ $1\ 1/5 \div 1/2 =$

$5/8 \div 1\ 1/3 =$ $1/6 \div 5/8 =$ $1\ 3/4 \div 1/3 =$ $7/8 \div 3/4 =$

$1\ 2/5 \div 1\ 3/4 =$ $2/5 \div 2/3 =$ $5/8 \div 1/4 =$ $1\ 1/5 \div 7/9 =$

$2/9 \div 1/8 =$ $5/8 \div 1\ 2/3 =$ $1\ 2/5 \div 1/9 =$ $4/9 \div 2/7 =$

$4/5 \div 1/8 =$ $1\ 1/4 \div 3/8 =$ $1/5 \div 1\ 1/7 =$ $1\ 2/3 \div 1\ 1/2 =$

Practice Adding, Subtracting, Multiplying, and Dividing Mixed Fractions Workbook

6/7 ÷ 4/7 =   3 1/2 ÷ 2 2/3 =   1/8 ÷ 1 1/5 =   1/9 ÷ 1/5 =

2 1/4 ÷ 1 1/4 =   3/8 ÷ 2/3 =   1 2/3 ÷ 1 4/5 =   3 1/2 ÷ 1/7 =

1 1/2 ÷ 4/7 =   5/7 ÷ 2 1/3 =   3/4 ÷ 4/7 =   3/5 ÷ 1 1/4 =

1 1/4 ÷ 3/4 =   8/9 ÷ 1 2/7 =   8/9 ÷ 1/5 =   2/3 ÷ 5/6 =

1 3/4 ÷ 2/9 =   2 1/2 ÷ 1 3/5 =   3/4 ÷ 1 1/2 =   1 1/5 ÷ 1 1/3 =

$5/8 \div 8/9 =$ $1/4 \div 2/9 =$ $1/4 \div 6/7 =$ $7/8 \div 1\ 3/5 =$

$1\ 3/5 \div 2/3 =$ $1/4 \div 1\ 3/4 =$ $1\ 1/8 \div 7/8 =$ $1\ 2/3 \div 2\ 1/2 =$

$2/7 \div 1/6 =$ $3\ 1/2 \div 1/7 =$ $2\ 2/3 \div 2/5 =$ $3/8 \div 1\ 1/7 =$

$1\ 1/6 \div 3/5 =$ $2/3 \div 1\ 1/7 =$ $1\ 2/3 \div 1\ 1/6 =$ $1\ 1/8 \div 7/8 =$

$2\ 1/2 \div 1\ 1/8 =$ $1\ 1/2 \div 1\ 3/4 =$ $7/8 \div 2\ 2/3 =$ $1/8 \div 1/3 =$

Practice Adding, Subtracting, Multiplying, and Dividing Mixed Fractions Workbook

1 2/7 ÷ 2/9 =   4/7 ÷ 4/9 =   2 1/4 ÷ 3/7 =   8/9 ÷ 1 2/3 =

1/2 ÷ 5/9 =   2/5 ÷ 2 1/3 =   4/7 ÷ 2/3 =   3/4 ÷ 4/9 =

1/7 ÷ 3/4 =   2 2/3 ÷ 7/8 =   5/9 ÷ 2 1/4 =   4 1/2 ÷ 1 1/5 =

7/8 ÷ 1 1/8 =   2/5 ÷ 2/9 =   1 4/5 ÷ 1 3/4 =   5/7 ÷ 1 1/7 =

2 2/3 ÷ 1/4 =   2 1/2 ÷ 3/5 =   1 1/5 ÷ 1 1/6 =   5/7 ÷ 1/8 =

Improve Your Math Fluency Series

$1/8 \div 2/9 =$ $1\ 1/7 \div 5/9 =$ $1\ 2/3 \div 1\ 3/5 =$ $1\ 2/3 \div 1/5 =$

$1/3 \div 1\ 1/6 =$ $1\ 3/4 \div 8/9 =$ $2/7 \div 3/5 =$ $4/7 \div 3/8 =$

$2\ 1/3 \div 1/8 =$ $1\ 3/4 \div 1\ 1/7 =$ $1\ 1/6 \div 4/7 =$ $3/5 \div 1\ 3/4 =$

$2/3 \div 2/5 =$ $2/7 \div 5/8 =$ $1\ 2/3 \div 1\ 2/5 =$ $2\ 2/3 \div 1\ 2/7 =$

$4/9 \div 5/7 =$ $1/5 \div 3/7 =$ $3/4 \div 1\ 1/7 =$ $1/9 \div 4/7 =$

Practice Adding, Subtracting, Multiplying, and Dividing Mixed Fractions Workbook

5/7 ÷ 5/8 =   5/6 ÷ 2 1/4 =   2 1/2 ÷ 1/3 =   1 3/4 ÷ 5/6 =

3/7 ÷ 1 1/5 =   3 1/2 ÷ 4 1/2 =   4/9 ÷ 1 4/5 =   1 1/5 ÷ 4/9 =

5/8 ÷ 1/9 =   1 1/2 ÷ 6/7 =   5/7 ÷ 4 1/2 =   1 1/5 ÷ 5/6 =

7/8 ÷ 2/3 =   1 3/4 ÷ 5/6 =   5/8 ÷ 1 2/5 =   4/9 ÷ 6/7 =

3/5 ÷ 1/9 =   2 1/2 ÷ 2/3 =   4/5 ÷ 5/6 =   3/5 ÷ 1/2 =

3 1/2 ÷ 1 1/3 =   8/9 ÷ 1/5 =   2 1/3 ÷ 1/5 =   3/8 ÷ 3/4 =

1/8 ÷ 1 1/3 =   2 2/3 ÷ 1 2/7 =   3/8 ÷ 1 1/3 =   5/7 ÷ 5/9 =

3/7 ÷ 3/4 =   1/8 ÷ 3/7 =   5/7 ÷ 1/4 =   1/5 ÷ 5/9 =

5/8 ÷ 4/5 =   4 1/2 ÷ 2/7 =   1/5 ÷ 1 1/7 =   4/9 ÷ 2/3 =

2 1/4 ÷ 2/3 =   1/7 ÷ 8/9 =   1/8 ÷ 1 2/3 =   2 1/4 ÷ 1 4/5 =

Practice Adding, Subtracting, Multiplying, and Dividing Mixed Fractions Workbook

1 2/3 ÷ 1 4/5 =   1 1/2 ÷ 1 2/3 =   1/5 ÷ 1/8 =   1 2/5 ÷ 1 1/8 =

2 1/3 ÷ 2/5 =   3 1/2 ÷ 1/3 =   3/5 ÷ 4/7 =   4/5 ÷ 1/7 =

4/9 ÷ 3/4 =   3/8 ÷ 1/7 =   2/3 ÷ 1/4 =   4/9 ÷ 1 1/4 =

4/7 ÷ 1/4 =   1 1/6 ÷ 1/2 =   3/7 ÷ 3 1/2 =   2 1/4 ÷ 5/6 =

1 1/6 ÷ 5/9 =   7/8 ÷ 2/7 =   3/4 ÷ 1 1/8 =   3/4 ÷ 3/5 =

Improve Your Math Fluency Series

1 1/6 ÷ 1 1/4 =   5/7 ÷ 1/9 =   5/8 ÷ 1 2/5 =   2/3 ÷ 1/5 =

3/4 ÷ 4/7 =   2/9 ÷ 1 2/3 =   1 4/5 ÷ 2 1/2 =   1/8 ÷ 5/9 =

1 1/4 ÷ 3/8 =   3/8 ÷ 1/7 =   1 1/3 ÷ 1 1/5 =   2 2/3 ÷ 3 1/2 =

1/2 ÷ 5/9 =   3/7 ÷ 5/9 =   1/4 ÷ 2 1/2 =   1/2 ÷ 4 1/2 =

4 1/2 ÷ 5/9 =   6/7 ÷ 2 1/3 =   1 2/3 ÷ 6/7 =   1 1/6 ÷ 1/2 =

Practice Adding, Subtracting, Multiplying, and Dividing Mixed Fractions Workbook

3/7 ÷ 2 1/3 =   3/7 ÷ 2 2/3 =   4 1/2 ÷ 2/5 =   2 2/3 ÷ 5/6 =

1 3/5 ÷ 3/5 =   1 1/7 ÷ 1 2/3 =   2/3 ÷ 1 1/8 =   2 1/2 ÷ 1 1/7 =

5/8 ÷ 1 1/6 =   4/5 ÷ 1 3/4 =   3/8 ÷ 3 1/2 =   1/5 ÷ 4/9 =

1/2 ÷ 2/7 =   1 1/6 ÷ 1/7 =   4/5 ÷ 2 1/2 =   1 1/6 ÷ 1/3 =

2 1/3 ÷ 2 1/2 =   8/9 ÷ 7/9 =   3/8 ÷ 1 1/3 =   2 2/3 ÷ 1 1/8 =

$1\ 1/4 \div 1/3 =$ $2/7 \div 1\ 2/7 =$ $1\ 1/5 \div 1/2 =$ $3/5 \div 1/9 =$

$1/5 \div 3/5 =$ $1\ 1/8 \div 1\ 2/7 =$ $2\ 1/3 \div 2/9 =$ $5/7 \div 2/3 =$

$4/7 \div 4\ 1/2 =$ $2\ 1/4 \div 1\ 2/7 =$ $1/2 \div 2/3 =$ $7/8 \div 1/3 =$

$4/9 \div 4/5 =$ $7/8 \div 1\ 3/5 =$ $1/7 \div 1\ 1/6 =$ $1\ 1/8 \div 4\ 1/2 =$

$1\ 4/5 \div 1\ 1/4 =$ $1\ 3/4 \div 3/4 =$ $1/6 \div 2/5 =$ $1\ 3/4 \div 1/3 =$

Practice Adding, Subtracting, Multiplying, and Dividing Mixed Fractions Workbook

3/8 ÷ 4/7 =   5/9 ÷ 1 2/3 =   2/7 ÷ 1 1/3 =   4/7 ÷ 4/5 =

4/7 ÷ 1 4/5 =   3/7 ÷ 2/7 =   2 1/3 ÷ 3 1/2 =   1/5 ÷ 1 2/5 =

1 1/4 ÷ 3/8 =   2 2/3 ÷ 4/5 =   3/5 ÷ 5/7 =   1 2/3 ÷ 1 1/7 =

1 2/5 ÷ 2/5 =   1 2/7 ÷ 2/9 =   5/7 ÷ 3/8 =   3/4 ÷ 4/5 =

1 1/8 ÷ 2 1/2 =   7/9 ÷ 1/2 =   1/7 ÷ 1 3/4 =   8/9 ÷ 1 1/2 =

Improve Your Math Fluency Series

1/4 ÷ 2/5 =   1 2/5 ÷ 3/7 =   5/7 ÷ 7/8 =   5/7 ÷ 4/5 =

1 3/4 ÷ 2 1/4 =   1 3/5 ÷ 1 2/3 =   2 1/4 ÷ 2 1/2 =   1 1/8 ÷ 1 3/5 =

1 1/5 ÷ 1 3/5 =   1 3/4 ÷ 1/2 =   6/7 ÷ 4/5 =   5/9 ÷ 3/5 =

2/5 ÷ 4/9 =   1 4/5 ÷ 6/7 =   2 1/4 ÷ 5/9 =   1/5 ÷ 5/8 =

3/4 ÷ 1/3 =   1/9 ÷ 3/5 =   1/6 ÷ 2 2/3 =   1 1/4 ÷ 1 3/4 =

Practice Adding, Subtracting, Multiplying, and Dividing Mixed Fractions Workbook

$3\ 1/2 \div 2/3 =$ $1/7 \div 3/7 =$ $1\ 1/7 \div 1\ 1/8 =$ $5/8 \div 5/6 =$

$1/8 \div 1\ 3/4 =$ $1/7 \div 1\ 2/5 =$ $5/6 \div 1\ 3/4 =$ $1\ 2/7 \div 4\ 1/2 =$

$2\ 2/3 \div 1\ 3/5 =$ $1/4 \div 1\ 1/6 =$ $1\ 1/6 \div 1/7 =$ $4/5 \div 1\ 1/3 =$

$7/9 \div 2/9 =$ $1/4 \div 7/9 =$ $4/5 \div 3/4 =$ $1\ 3/4 \div 5/9 =$

$5/9 \div 7/9 =$ $1\ 2/7 \div 5/9 =$ $7/9 \div 6/7 =$ $3\ 1/2 \div 4\ 1/2 =$

$1\ 1/7 \div 1/4 =$ $\qquad$ $5/6 \div 4/7 =$ $\qquad$ $4/7 \div 1\ 1/2 =$ $\qquad$ $1\ 4/5 \div 4/9 =$

$1\ 1/6 \div 1\ 4/5 =$ $\qquad$ $1\ 3/5 \div 1/2 =$ $\qquad$ $4/9 \div 2/5 =$ $\qquad$ $1\ 2/3 \div 1\ 2/5 =$

$3\ 1/2 \div 2/5 =$ $\qquad$ $1/3 \div 1\ 2/5 =$ $\qquad$ $5/9 \div 1\ 2/5 =$ $\qquad$ $1\ 4/5 \div 1\ 1/5 =$

$1/7 \div 3/8 =$ $\qquad$ $2/9 \div 1\ 1/6 =$ $\qquad$ $2\ 2/3 \div 1\ 1/5 =$ $\qquad$ $4/7 \div 7/9 =$

$1/9 \div 2\ 2/3 =$ $\qquad$ $1\ 1/5 \div 5/7 =$ $\qquad$ $3/4 \div 1/7 =$ $\qquad$ $1\ 2/7 \div 1\ 1/5 =$

Practice Adding, Subtracting, Multiplying, and Dividing Mixed Fractions Workbook

1/8 ÷ 2 1/2 =   4/7 ÷ 5/7 =   1/6 ÷ 1 3/4 =   5/7 ÷ 1/9 =

5/9 ÷ 1 1/8 =   1/3 ÷ 2/9 =   2 1/2 ÷ 1 2/5 =   3/5 ÷ 4 1/2 =

3/5 ÷ 1 2/7 =   1 1/7 ÷ 7/8 =   1 1/4 ÷ 1 3/5 =   1 3/5 ÷ 7/8 =

1/7 ÷ 4 1/2 =   5/7 ÷ 2 1/3 =   4 1/2 ÷ 1 1/4 =   1 4/5 ÷ 2/7 =

5/7 ÷ 5/8 =   1 1/2 ÷ 1 4/5 =   3/5 ÷ 2/7 =   2 1/2 ÷ 1/3 =

Improve Your Math Fluency Series

1 1/2 ÷ 2/9 =   6/7 ÷ 1/5 =   1 2/3 ÷ 2/5 =   1/4 ÷ 4/5 =

2 1/4 ÷ 1 1/3 =   1/6 ÷ 7/9 =   1 1/7 ÷ 1 3/5 =   3/7 ÷ 1 2/7 =

3/4 ÷ 1 2/7 =   5/9 ÷ 3/7 =   2 1/2 ÷ 5/9 =   8/9 ÷ 6/7 =

2/7 ÷ 1 1/3 =   1/7 ÷ 1/9 =   2 1/3 ÷ 2/3 =   1 1/7 ÷ 2 1/3 =

2/5 ÷ 1/4 =   4/9 ÷ 1 2/3 =   5/6 ÷ 1/2 =   4/7 ÷ 1 4/5 =

Practice Adding, Subtracting, Multiplying, and Dividing Mixed Fractions Workbook

1 1/6 ÷ 1 2/7 =   2/9 ÷ 5/6 =   2/5 ÷ 6/7 =   4/9 ÷ 1 2/5 =

1 2/7 ÷ 8/9 =   1 3/4 ÷ 1 2/5 =   4/9 ÷ 1 1/5 =   1 2/3 ÷ 4/7 =

1 1/5 ÷ 2/7 =   2 2/3 ÷ 5/8 =   4 1/2 ÷ 1/5 =   2 1/3 ÷ 8/9 =

3/4 ÷ 3 1/2 =   3/5 ÷ 3/7 =   5/9 ÷ 2 2/3 =   5/9 ÷ 4/7 =

3/8 ÷ 1 2/7 =   3 1/2 ÷ 1 1/3 =   1/2 ÷ 1 2/7 =   5/9 ÷ 2 1/2 =

$1\ 3/4 \div 1\ 1/5 =$ $1\ 1/5 \div 1\ 2/3 =$ $1/4 \div 1\ 3/5 =$ $5/7 \div 8/9 =$

$1\ 1/3 \div 1/7 =$ $7/9 \div 1/4 =$ $7/8 \div 1\ 3/4 =$ $2/5 \div 2/7 =$

$3/4 \div 1\ 3/4 =$ $3/4 \div 1\ 3/4 =$ $1/8 \div 3/5 =$ $1\ 1/6 \div 1\ 1/5 =$

$3/8 \div 1\ 1/6 =$ $1/3 \div 1\ 1/8 =$ $1\ 1/6 \div 5/9 =$ $5/6 \div 1\ 3/5 =$

$1/3 \div 1\ 2/5 =$ $4\ 1/2 \div 1\ 1/4 =$ $2\ 1/4 \div 1\ 1/2 =$ $5/7 \div 3/4 =$

Practice Adding, Subtracting, Multiplying, and Dividing Mixed Fractions Workbook

1/8 ÷ 1 1/8 =   5/8 ÷ 1 1/7 =   1/3 ÷ 1/8 =   3/8 ÷ 1/4 =

7/8 ÷ 3/4 =   5/6 ÷ 2 1/3 =   1/3 ÷ 5/9 =   5/7 ÷ 1/4 =

3/4 ÷ 2 2/3 =   1 1/8 ÷ 1/3 =   1 2/3 ÷ 4/5 =   7/9 ÷ 4/9 =

2 1/2 ÷ 3/5 =   1/4 ÷ 2/5 =   1 4/5 ÷ 5/6 =   1 2/7 ÷ 2 1/3 =

8/9 ÷ 1 1/5 =   1 1/2 ÷ 1 2/3 =   1/7 ÷ 2 1/4 =   2/3 ÷ 3/7 =

1 1/4 ÷ 1 2/3 =   8/9 ÷ 1 2/3 =   1 1/5 ÷ 3/4 =   1 2/5 ÷ 2/3 =

3/4 ÷ 1 2/5 =   3/5 ÷ 1/2 =   1/9 ÷ 7/9 =   1/2 ÷ 2 1/2 =

4/9 ÷ 2/7 =   3/5 ÷ 1 1/5 =   3/8 ÷ 3/4 =   2/5 ÷ 4 1/2 =

1/5 ÷ 1 3/5 =   1/2 ÷ 1 1/8 =   1/5 ÷ 2/9 =   2 1/4 ÷ 1/6 =

1/2 ÷ 8/9 =   1 1/6 ÷ 5/7 =   5/6 ÷ 4/9 =   1 2/3 ÷ 1 2/7 =

Practice Adding, Subtracting, Multiplying, and Dividing Mixed Fractions Workbook

4/5 ÷ 4 1/2 =   1/2 ÷ 5/8 =   1/3 ÷ 1 3/4 =   5/9 ÷ 1/2 =

7/9 ÷ 2 1/4 =   2 1/3 ÷ 1 1/4 =   6/7 ÷ 3 1/2 =   3/8 ÷ 4/7 =

7/8 ÷ 1/3 =   1 4/5 ÷ 2 1/3 =   1 1/5 ÷ 4/9 =   5/7 ÷ 2/7 =

4/5 ÷ 2/9 =   1/7 ÷ 1 1/3 =   1 3/5 ÷ 3/8 =   4/5 ÷ 1 2/3 =

2/3 ÷ 1/8 =   1/6 ÷ 5/9 =   5/6 ÷ 1 2/7 =   5/6 ÷ 2/9 =

$3/8 \div 1/4 =$　　$1\ 1/4 \div 1\ 3/5 =$　　$1\ 1/8 \div 1/7 =$　　$3/7 \div 1\ 1/3 =$

$1\ 2/3 \div 7/8 =$　　$4/5 \div 2/3 =$　　$2\ 1/3 \div 3/5 =$　　$5/9 \div 1\ 4/5 =$

$1\ 3/5 \div 1\ 1/8 =$　　$5/9 \div 1\ 3/5 =$　　$3/7 \div 4/9 =$　　$1/9 \div 7/9 =$

$5/9 \div 1\ 1/3 =$　　$1/5 \div 3\ 1/2 =$　　$1\ 3/5 \div 4\ 1/2 =$　　$4/5 \div 1/8 =$

$5/9 \div 1/2 =$　　$3/4 \div 2/3 =$　　$1\ 1/6 \div 2/9 =$　　$1\ 1/4 \div 1\ 3/4 =$

Practice Adding, Subtracting, Multiplying, and Dividing Mixed Fractions Workbook

2 1/4 ÷ 1/6 =   5/9 ÷ 3/4 =   3/4 ÷ 4 1/2 =   1 2/5 ÷ 1 1/4 =

1/8 ÷ 1 1/8 =   1/5 ÷ 1 3/5 =   1 1/4 ÷ 2/5 =   1 1/3 ÷ 1 3/5 =

5/8 ÷ 1/4 =   1/7 ÷ 3/7 =   5/7 ÷ 2 2/3 =   1/6 ÷ 1 2/5 =

1/7 ÷ 2 1/4 =   1 1/5 ÷ 2 1/4 =   1 1/8 ÷ 2 1/2 =   1/8 ÷ 1/7 =

1 1/4 ÷ 1 2/7 =   1 3/5 ÷ 3/4 =   2 2/3 ÷ 5/9 =   2 1/2 ÷ 2/7 =

Answer Key

Part 1: Addition

==============================Page 10==============================

17/18,	1 6/7,	2 13/24,	5 5/6
2 11/15,	1 19/24,	1 6/35,	2 7/20
3 11/14,	1 1/18,	1 4/5,	2 17/30
16/63,	2 9/10,	2 26/35,	1 1/28

==============================Page 11==============================

1 13/42,	23/30,	4 2/15,	1 5/8
1 23/40,	2 4/15,	1 8/63,	1 13/14
11/24,	1 5/8,	2 3/8,	2 2/3
3 1/24,	47/56,	2 3/7,	4 1/6
1 27/40,	1 39/40,	2 2/3,	1 3/40

==============================Page 12==============================

2 17/36,	11/12,	1 11/36,	1 2/3
1 4/21,	1 4/9,	1 41/42,	6/7
27/28,	1 1/45,	3 17/18,	1 5/8
29/45,	4 5/14,	2 2/7,	4 1/8
5 5/14,	2 2/21,	2 4/5,	1 19/45

==============================Page 13==============================

2 11/45,	6 1/6,	1 7/24,	2 3/8
4 3/10,	1 1/18,	5 3/8,	1 10/21
1 7/24,	1 2/9,	4/9,	2 5/21
2 17/20,	2 8/9,	1 25/72,	1 17/42
3 1/9,	11/30,	4/7,	1 3/4

==============================Page 14==============================

1 1/6,	1 37/40,	3/4,	1 4/7
1 8/9,	17/18,	1 29/40,	1 1/18
2 5/9,	53/63,	1 13/28,	1 1/20
6/7,	2 1/7,	17/36,	1 7/10
4 2/15,	1 38/45,	1 31/40,	3 1/36

==============================Page 15==============================

6 1/4,	2 1/7,	3 9/14,	1 5/24
1 14/15,	1 17/63,	2 2/3,	1 13/15
4 3/10,	2 11/28,	7/24,	1 5/9
2 11/40,	1 5/24,	1/3,	3 1/8
3 1/18,	1 7/8,	1 13/24,	1 8/15

Practice Adding, Subtracting, Multiplying, and Dividing Mixed Fractions Workbook

==============================Page 16================================

1 13/18,	3 15/28,	1 2/3,	1 21/40
2 1/2,	2 5/6,	1 29/30,	1 26/63
1 5/12,	1 1/72,	3 5/8,	1 8/9
5 1/10,	1 5/12,	11/15,	44/45
4/9,	3 7/20,	5 1/4,	1 47/63

==============================Page 17================================

1 5/9,	3 7/18,	1 4/35,	1 9/20
25/28,	2 13/18,	41/72,	4 5/18
4 5/8,	1 17/42,	8/9,	11/12
1 3/56,	2 2/9,	34/35,	28/45
17/18,	31/40,	3 7/10,	1 17/21

==============================Page 18================================

4 4/15,	2 5/6,	1 37/40,	3 15/28
1 13/72,	4 5/6,	1 39/56,	3 10/21
1 1/2,	3 1/14,	2 23/56,	1 20/21
2 5/18,	1 17/18,	2 9/35,	1 19/28
6/7,	2 27/40,	3 11/24,	2 1/21

==============================Page 19================================

2 27/40,	2 19/42,	15/28,	1 26/45
1 15/28,	1 31/35,	1 17/30,	4 5/8
2 17/21,	2 5/21,	1 13/14,	3 3/4
4 5/6,	13/21,	2 1/14,	1 5/18
4 5/14,	4 11/14,	17/18,	2 11/24

==============================Page 20================================

3 1/6,	1 3/4,	1 29/72,	1 46/63
2 2/3,	1 41/56,	4 7/18,	1 7/36
2 19/30,	3 8/15,	5 5/8,	3 5/21
1 33/56,	1 6/35,	2 5/8,	3/4
1 7/8,	2 4/35,	3 1/28,	1 39/40

==============================Page 21================================

2 3/14,	1 17/30,	33/35,	15/56
9/10,	1 29/45,	1 23/63,	1 2/9
1 1/4,	3 17/21,	1 11/24,	6 1/10
7/12,	1 1/30,	11/14,	2 3/4
1 5/63,	1/2,	2 5/6,	4 4/15

==============================Page 22================================

2 1/14,	41/72,	1 11/30,	41/42
2 8/15,	67/72,	45/56,	4 3/4
7 1/6,	4 5/6,	2 1/2,	3 9/10
8/9,	1 2/15,	1 7/10,	1 8/63
37/63,	3 1/12,	1 7/72,	1 33/40

===============================Page 23=================================
2 8/45,	1 9/28,	2 17/18,	1 19/20
2 7/30,	1 7/24,	2 13/15,	26/35
2 17/20,	2 13/18,	2 11/20,	3 1/10
2 3/10,	11/12,	55/56,	2 13/36
1 19/20,	4 3/8,	61/72,	1 14/45
===============================Page 24=================================
2 17/35,	24/35,	3 11/18,	3 1/6
23/56,	1 13/28,	1 19/20,	2 5/18
13/18,	3 1/6,	29/36,	17/24
1 17/35,	2 8/9,	1 1/2,	2 7/10
3 5/6,	1 1/5,	1 3/35,	2 5/18
===============================Page 25=================================
2 1/18,	1 11/63,	2 13/35,	31/40
11/12,	2 7/30,	1 3/7,	1 13/30
3 13/20,	2 1/3,	47/56,	27/35
15/28,	1 3/5,	1 23/63,	3 5/8
3 1/2,	3 1/6,	1 38/63,	2 7/12
===============================Page 26=================================
8/9,	2 24/35,	35/72,	2 19/42
1 17/18,	41/63,	1 13/40,	23/56
1 1/6,	8/9,	2 2/5,	2 9/28
2 4/21,	2 1/28,	2 7/12,	3 1/12
5 1/6,	1 2/3,	65/72,	2 1/5
===============================Page 27=================================
1 5/18,	1 47/56,	8/15,	2 13/30
2 4/9,	26/35,	1 1/3,	2 9/56
1 17/21,	1 4/9,	1 13/24,	1 31/35
1 37/42,	33/40,	4 1/4,	1 47/72
2 9/35,	1 1/5,	2 1/21,	1 23/28
===============================Page 28=================================
1 2/7,	4 2/3,	2 3/20,	4 1/15
43/72,	2 33/35,	65/72,	2 5/9
1 26/35,	3 10/21,	3 9/20,	1 4/7
2 1/10,	3 3/4,	2 4/9,	2 11/21
1 32/63,	3 5/8,	2 1/6,	1 9/20
===============================Page 29=================================
5 1/14,	1 3/56,	1 13/45,	1 11/24
1 16/45,	4/5,	1 12/35,	2 1/4
1 7/18,	23/45,	38/45,	3 5/9
5 1/8,	3 5/6,	1 13/15,	2 15/28
1 3/7,	1 13/63,	1 13/15,	1 25/28

Practice Adding, Subtracting, Multiplying, and Dividing Mixed Fractions Workbook

==============================Page 30==================================
1 1/12,	21/40,	1 1/9,	38/45
1 5/18,	1 9/20,	23/45,	1 7/18
2 13/35,	38/45,	29/30,	1 23/42
2 3/7,	2 1/7,	2 8/9,	1 11/21
1 29/40,	2 19/20,	2 5/6,	31/36

==============================Page 31==================================
19/28,	2 9/10,	3 2/3,	2 7/15
3 1/5,	1 4/15,	1 25/28,	1 3/20
7/8,	39/40,	2 7/45,	1 11/36
1 25/72,	8/9,	4 5/12,	1 7/72
19/21,	1 1/3,	1 8/15,	1 23/42

==============================Page 32==================================
2 1/21,	15/28,	7 1/6,	2 17/18
3 5/8,	3 5/36,	2 7/12,	52/63
1 13/20,	4 11/12,	3 1/10,	1 19/45
1/4,	2 5/28,	1 13/30,	2 7/24
2 33/35,	1 17/21,	1 8/21,	13/18

==============================Page 33==================================
2 13/35,	2 1/56,	2 29/36,	1 13/15
2 14/15,	2 5/36,	2 31/45,	1 41/72
9/10,	2 5/6,	2 9/40,	7/8
2 4/15,	2 3/4,	2 13/45,	2 9/20
7 1/6,	1 32/35,	11/18,	17/72

==============================Page 34==================================
2 2/7,	4 5/6,	2 7/24,	21/40
1 25/42,	2 7/30,	4 5/6,	1 4/5
3 1/36,	1 11/24,	1 11/15,	5 5/18
1 10/21,	1 1/9,	23/24,	2 5/14
2 1/15,	22/35,	4 17/18,	4 5/14

Part 2: Subtraction

==============================Page 35==================================
3/28,	1 3/20,	1 11/21,	1 5/9
2 2/9,	1/9,	8/15,	1 1/21
16/45,	1 5/24,	1 5/24,	32/63
13/72,	7/15,	3 5/6,	7/12

==============================Page 36==================================
37/72,	13/24,	1 1/7,	1/9
1/8,	22/63,	1 1/5,	8/35
1/9,	29/72,	1 2/3,	1 11/18
1 11/20,	1 7/10,	2 7/18,	1 1/45
1 1/18,	11/24,	15/28,	5/6

================================Page 37================================
25/56,	1 3/28,	19/24,	3 3/10
1 5/6,	1 18/35,	1 2/63,	5/24
1 2/15,	5/18,	7/15,	5/42
1 11/36,	1/6,	1/10,	19/30
2 1/6,	2/3,	2 7/15,	1 13/30

================================Page 38================================
11/42,	13/15,	2 1/12,	1 7/15
17/35,	7/8,	58/63,	31/36
7/12,	5/56,	1 2/15,	13/21
17/40,	2 5/14,	5/8,	17/42
20/63,	1 1/35,	33/35,	2/3

================================Page 39================================
4 1/4,	1 11/35,	13/18,	7/45
47/63,	19/40,	1 4/15,	2/45
25/72,	7/12,	1/18,	1/2
1/9,	5/18,	1 1/8,	1 11/14
11/56,	2 5/18,	1/2,	1 3/40

================================Page 40================================
1 2/5,	29/56,	1 11/45,	20/63
1 7/10,	38/63,	2/21,	11/12
1 1/24,	1 3/4,	1 17/20,	1 13/30
4/21,	3 5/18,	11/40,	8/9
41/42,	39/40,	1 11/40,	13/35

================================Page 41================================
1/12,	16/21,	4/9,	5/72
1 7/20,	5/72,	1 5/6,	1/2
16/35,	4/9,	6/7,	11/12
1 3/4,	1/6,	9/14,	11/12
9/10,	3 3/10,	3 5/14,	11/20

================================Page 42================================
1 2/35,	2/7,	13/42,	1 13/24
2/5,	7/36,	13/42,	3/40
20/21,	1 9/40,	5/6,	2 1/15
2/5,	1 1/35,	16/35,	23/30
1 13/30,	27/40,	2/35,	5/14

================================Page 43================================
23/30,	3/4,	13/20,	3/56
10/21,	23/24,	3/28,	16/63
2/9,	8/21,	16/45,	1/12
1 13/36,	6/35,	29/42,	3/5
53/63,	22/35,	5/18,	27/35

Practice Adding, Subtracting, Multiplying, and Dividing Mixed Fractions Workbook

================================Page 44================================
31/63,	2/35,	1 1/3,	1 13/14
1 1/4,	1 17/36,	11/24,	11/28
9/20,	3/10,	2/9,	5/28
9/56,	1 7/15,	1/5,	3 3/8
19/40,	7/18,	7/20,	1/3

================================Page 45================================
1/24,	1 8/21,	1 1/9,	1 4/9
11/36,	4/9,	2/9,	1/2
17/56,	1 20/21,	3/40,	3 1/6
13/36,	3 9/10,	1/18,	4/9
13/21,	1 7/18,	7/12,	9/56

================================Page 46================================
1/36,	1 5/8,	1 1/6,	9/56
3 11/18,	1/9,	1/28,	11/56
32/63,	2/35,	5/14,	39/56
7/12,	25/28,	1 17/40,	3/5
1 1/6,	4/35,	7/24,	1 7/12

================================Page 47================================
3 3/14,	1 5/36,	3/10,	11/21
1 1/5,	1 7/40,	5/6,	1/56
1 8/21,	32/63,	1 3/4,	3/7
1 1/3,	1 10/21,	2 1/10,	5/42
3/10,	58/63,	9/14,	3/8

================================Page 48================================
13/18,	1 1/2,	5/8,	1 1/24
1 1/15,	1/9,	1 1/8,	1 11/21
2/3,	13/24,	1 1/8,	1/2
1 1/2,	23/42,	1 5/8,	2 1/20
13/24,	33/56,	3/28,	11/15

================================Page 49================================
1 1/42,	9/20,	4 1/10,	1 2/5
4/9,	1 5/12,	1 26/45,	3/8
29/45,	1/20,	1/7,	3/56
1/6,	9/40,	1/2,	1/10
1/45,	1 23/36,	1 5/6,	5/7

================================Page 50================================
1/24,	2 1/10,	5/18,	1 1/8
7/12,	5/12,	2/45,	41/56
1 3/20,	1 1/15,	27/40,	11/12
1/6,	43/45,	1/36,	2 1/6
3 1/14,	1/4,	1 1/6,	3/40

================================Page 51==================================
1 1/4,	11/30,	5/8,	1 7/15
4 1/3,	1/3,	11/30,	2 1/6
17/18,	2/35,	13/42,	5/21
7/18,	11/35,	1 5/24,	1 5/9
1 16/45,	1 9/28,	19/30,	7/12

================================Page 52==================================
1/12,	4/5,	4 1/3,	1 3/14
1/45,	1 17/36,	22/63,	7/30
1/2,	1/3,	1 3/28,	4 3/14
4/15,	17/35,	5/7,	33/40
4/21,	2 3/14,	1 2/5,	4/15

================================Page 53==================================
27/28,	1 8/15,	17/20,	2 5/21
3/7,	7/40,	1 1/4,	17/63
1 18/35,	4/63,	17/20,	3/56
2 13/24,	23/56,	1 3/35,	1 11/24
5/6,	1 11/24,	1 11/36,	13/30

================================Page 54==================================
1/2,	25/72,	23/30,	1 4/45
1 1/18,	33/35,	1 5/28,	19/72
2 3/14,	9/40,	2 1/4,	5/24
2 1/4,	2/15,	1 7/12,	11/12
19/30,	3 3/10,	1 20/21,	1 2/9

================================Page 55==================================
24/35,	1 23/28,	2 2/21,	1/3
1 1/2,	1/8,	1/9,	3 7/8
1 5/12,	1/8,	3 1/4,	3/40
11/28,	1/2,	5/8,	1 4/15
2 3/4,	4/15,	1 4/15,	2/21

================================Page 56==================================
41/42,	31/56,	3/20,	3/4
1 1/2,	37/42,	1/7,	5/7
1 31/45,	1 1/10,	19/56,	1 1/12
47/56,	3/14,	13/24,	7/10
1 1/6,	37/40,	20/21,	22/63

================================Page 57==================================
4/9,	1 2/3,	27/40,	2/15
13/63,	34/45,	5/28,	1 3/14
3 1/10,	17/40,	5/9,	13/72
37/42,	7/10,	2/5,	27/56
11/21,	11/24,	2 5/14,	1 7/45

Practice Adding, Subtracting, Multiplying, and Dividing Mixed Fractions Workbook

==============================Page 58================================

3/28,	4 7/18,	1 9/20,	1 3/28
21/40,	1/4,	2/5,	1 8/15
7/40,	1/12,	2 1/12,	19/24
1 19/40,	1 13/20,	16/21,	29/35
27/40,	1/5,	1 2/9,	11/20

==============================Page 59================================

1 11/63,	3 1/6,	1 4/9,	5/7
7/9,	1 2/5,	7/8,	2/3
1/3,	2 1/8,	1 1/20,	1 23/36
13/40,	1 1/24,	17/42,	1 3/14
55/72, √	26/35, ✓	1/2, ✓	1 1/12 ✓

Part 3: Multiplication

==============================Page 60================================

1 3/32,	7/54,	10/49,	1 19/35
1 13/36,	7/20,	35/54,	10/21
3/5,	45/56,	5 1/16,	9/40
25/28,	1 11/45,	1 7/8,	3/40

==============================Page 61================================

3/14,	8/27,	2 4/7,	15/64
1 1/7,	2/15,	1 4/5,	1 5/7
4/5,	16/21,	4/15,	1/6
1/18,	3/14,	6/35,	1/7
1 4/5,	4 4/5,	2/35,	5/21

==============================Page 62================================

1 1/6,	3 1/16,	25/32,	9/14
2/3,	4/63,	7/24,	5/7
8/15,	7/72,	15/16,	5/12
1 19/35,	1/2,	1/5,	6/35
9/20,	7/36,	3 1/2,	5/18

==============================Page 63================================

2/21,	18/35,	3/20,	5/8
15/16,	8/15,	1 1/8,	12/25
1/5,	5/16,	9/25,	1 9/16
5/63,	24/35,	27/56,	4/9
6/35,	7/12,	1 1/6,	7/8

==============================Page 64================================

1/16,	8/81,	1/21,	9/32
4/45,	2/5,	6/35,	1 5/7
8/21,	4/15,	15/49,	3/32
1 3/5,	16/21,	35/64,	2/15
20/27,	5/18,	1/9,	1 11/45

========================Page 65========================
6/35,	2 1/2,	1 13/32,	48/49
5 1/7,	1 13/14,	1/18,	1 7/8
2 2/9,	1 1/2,	16/63,	1/2
2 5/8,	8/15,	9/10,	1 1/2
1 2/3,	7/30,	1 13/14,	7/32

========================Page 66========================
36/49,	5 1/7,	3 6/7,	1 7/18
1/3,	5/36,	32/35,	1/2
5/54,	1 1/24,	2 5/8,	1 13/15
2 1/2,	1 11/24,	4/63,	1 1/27
7 1/5,	4/21,	1/28,	2 3/16

========================Page 67========================
1 2/3,	7 1/2,	7/36,	3/5
1 13/32,	10/63,	3/35,	2/3
7/27,	1 1/2,	8/49,	1/5
2 4/7,	10 1/2,	1/4,	5 1/16
7/10,	1/7,	2 25/28,	32/81

========================Page 68========================
8/49,	8/9,	7/9,	1 1/5
3/5,	9/32,	2 2/9,	1/3
1 1/6,	7 7/8,	1/21,	1/3
1 13/14,	4 1/20,	2 4/7,	1/15
16/63,	9 1/3,	1 2/7,	5 5/8

========================Page 69========================
24/35,	16/27,	7 7/8,	1 1/6
7/15,	14/27,	3/4,	5/6
1/32,	1/8,	1 3/5,	3/7
5/14,	2 4/5,	4 1/2,	1 13/36
16/45,	2 1/10,	3 1/9,	2/9

========================Page 70========================
1/12,	1 2/3,	2/7,	5/28
24/49,	9/14,	5/27,	1 1/2
15/16,	8/9,	1/3,	1/3
1/8,	1/2,	1 17/18,	2/63
4/9,	5/54,	2/9,	2/21

========================Page 71========================
3/56,	8/25,	2/9,	1/3
2/21,	5 1/16,	3 1/8,	1/4
1/16,	1 5/7,	7/64,	1 1/4
3 3/8,	3 3/4,	1/12,	4/5
7 1/2,	3 1/2,	2/21,	3 5/9

Practice Adding, Subtracting, Multiplying, and Dividing Mixed Fractions Workbook

==============================Page 72================================

7/27,	10/63,	25/72,	2 1/3
7/8,	5/16,	4/7,	8/21
40/49,	1 1/3,	2 2/35,	45/56
5/54,	3/35,	24/25,	4/81
10/27,	2/3,	5/6,	1 2/3

==============================Page 73================================

15/56,	5/7,	5/7,	2 2/15
9/64,	3 3/14,	1/6,	1 2/3
2/5,	1 3/7,	1 19/35,	4/21
16/25,	1 11/25,	3/16,	3/20
2/5,	5/8,	1 1/2,	2 7/10

==============================Page 74================================

6/35,	1 1/35,	4 4/9,	4 1/20
7/16,	3/7,	2 11/12,	1 1/2
2 2/9,	6/49,	35/48,	4/49
6 1/4,	1/4,	1 19/35,	9/56
2 13/16,	5/72,	1 5/27,	5/9

==============================Page 75================================

7/24,	2 2/5,	14/25,	7/18
4/63,	3 3/5,	35/72,	3/28
1/36,	9/32,	9/32,	3/4
9/28,	8/35,	3 3/20,	2 25/28
4 2/3,	8/15,	4/21,	2 5/8

==============================Page 76================================

5/63,	7/12,	25/32,	1 7/8
1 1/7,	40/81,	10 1/8,	2 11/12
7/8,	8/9,	1/3,	5/63
1/2,	21/32,	1 4/5,	7/32
1/8,	5/9,	27/28,	1/36

==============================Page 77================================

1/12,	7/12,	1/2,	20/21
8/9,	3 1/9,	1 1/15,	3/20
1/28,	2 2/15,	5/72,	7/10
5/14,	7/18,	15/16,	1 4/5
45/56,	7/10,	2 7/10,	3/7

==============================Page 78================================

2 7/10,	20/27,	1/5,	1/3
2 2/27,	7/48,	3 1/3,	1/2
1 3/7,	1 2/25,	9/20,	3/8
4 1/5,	20/27,	1/6,	25/42
6/35,	5/9,	2 2/5,	4/9

===============================Page 79================================
8/35,	1/4,	1/36,	8/27
7/32,	7/12,	16/63,	1 2/5
1/27,	5/72,	8/15,	1/16
1/14,	3 1/16,	5/9,	2 1/4
25/49,	5/9,	2 17/32,	1 1/9

===============================Page 80================================
36/49,	2/27,	27/35,	1 2/5
28/45,	5/12,	1/6,	1 3/25
4 1/2,	3/8,	7/16,	3 3/5
5/21,	32/35,	1/9,	25/42
1/40,	1 7/8,	8/27,	7/8

===============================Page 81================================
8 1/10,	1/36,	1 19/35,	4 1/2
4/5,	1 1/2,	9/35,	18/35
8/35,	20/63,	1 8/27,	1 1/4
3/10,	25/72,	1/5,	25/54
5/7,	7/48,	1 23/40,	1/3

===============================Page 82================================
4 1/2,	45/56,	14/15,	1 7/20
1 11/16,	8/63,	1/18,	1 23/49
3 1/9,	1 5/16,	7/27,	1 1/6
2/5,	3 1/2,	9/25,	2 4/5
2 4/5,	3 3/4,	2 1/10,	2/9

===============================Page 83================================
20/21,	27/28,	5/14,	1 11/21
1/2,	5 11/14,	1/7,	3/20
5/21,	20/27,	27/35,	3/8
9/10,	20/21,	5/18,	7/9
3/5,	7/16,	8/15,	5/14

===============================Page 84================================
1 23/25,	1 2/7,	1 13/32,	2/27
2/35,	2 1/7,	2 1/7,	1 5/16
1 19/35,	1/48,	18/49,	9/32
1/8,	2 13/16,	2 1/2,	1 4/5
1 11/16, ✓	18/35, ✓	40/49, ✓	6 1/8 ✓

Part 4: Division
===============================Page 85================================
5/9,	5 1/4,	1/4,	2/9
3/4,	1/6,	20/63,	3/20
1/28,	3 6/7,	3 3/8,	32/45
1 13/15,	4 1/5,	4/21,	5 1/16

===============================Page 86================================
4 1/2,	2/21,	1 5/9,	2 2/5
15/32,	4/15,	5 1/4,	1 1/6
4/5,	3/5,	2 1/2,	1 19/35
1 7/9,	3/8,	12 3/5,	1 5/9
6 2/5,	3 1/3,	7/40,	1 1/9

===============================Page 87================================
1 1/2,	1 5/16,	5/48,	5/9
1 4/5,	9/16,	25/27,	24 1/2
2 5/8,	15/49,	1 5/16,	12/25
1 2/3,	56/81,	4 4/9,	4/5
7 7/8,	1 9/16,	1/2,	9/10

===============================Page 88================================
45/64,	1 1/8,	7/24,	35/64
2 2/5,	1/7,	1 2/7,	2/3
1 5/7,	24 1/2,	6 2/3,	21/64
1 17/18,	7/12,	1 3/7,	1 2/7
2 2/9,	6/7,	21/64,	3/8

===============================Page 89================================
5 11/14,	1 2/7,	5 1/4,	8/15
9/10,	6/35,	6/7,	1 11/16
4/21,	3 1/21,	20/81,	3 3/4
7/9,	1 4/5,	1 1/35,	5/8
10 2/3,	4 1/6,	1 1/35,	5 5/7

===============================Page 90================================
9/16,	2 2/35,	1 1/24,	8 1/3
2/7,	1 31/32,	10/21,	1 11/21
18 2/3,	1 17/32,	2 1/24,	12/35
1 2/3,	16/35,	1 4/21,	2 2/27
28/45,	7/15,	21/32,	7/36

===============================Page 91================================
1 1/7,	10/27,	7 1/2,	2 1/10
5/14,	7/9,	20/81,	2 7/10
5 5/8,	1 3/4,	10/63,	1 11/25
1 5/16,	2 1/10,	25/56,	14/27
5 2/5,	3 3/4,	24/25,	1 1/5

===============================Page 92================================
2 5/8,	4 4/9,	11 2/3,	1/2
3/32,	2 2/27,	9/32,	1 2/7
4/7,	7/24,	2 6/7,	9/25
25/32,	15 3/4,	7/40,	2/3
3 3/8,	9/56,	3/40,	1 1/4

==============================Page 93==================================
25/27,	9/10,	1 3/5,	1 11/45
5 5/6,	10 1/2,	1 1/20,	5 3/5
16/27,	2 5/8,	2 2/3,	16/45
2 2/7,	2 1/3,	6/49,	2 7/10
2 1/10,	3 1/16,	2/3,	1 1/4

==============================Page 94==================================
14/15,	6 3/7,	25/56,	3 1/3
1 5/16,	2/15,	18/25,	9/40
3 1/3,	2 5/8,	1 1/9,	16/21
9/10,	27/35,	1/10,	1/9
8 1/10,	18/49,	1 17/18,	2 1/3

==============================Page 95==================================
9/49,	9/56,	11 1/4,	3 1/5
2 2/3,	24/35,	16/27,	2 3/16
15/28,	16/35,	3/28,	9/20
1 3/4,	8 1/6,	8/25,	3 1/2
14/15,	1 1/7,	9/32,	2 10/27

==============================Page 96==================================
3 3/4,	2/9,	2 2/5,	5 2/5
1/3,	7/8,	10 1/2,	1 1/14
8/63,	1 3/4,	3/4,	2 5/8
5/9,	35/64,	6/49,	1/4
1 11/25,	2 1/3,	5/12,	5 1/4

==============================Page 97==================================
21/32,	1/3,	3/14,	5/7
20/63,	1 1/2,	2/3,	1/7
3 1/3,	3 1/3,	21/25,	1 11/24
3 1/2,	5 11/14,	1 19/21,	15/16
9/20,	1 5/9,	4/49,	16/27

==============================Page 98==================================
5/8,	3 4/15,	40/49,	25/28
7/9,	24/25,	9/10,	45/64
3/4,	3 1/2,	1 1/14,	25/27
9/10,	2 1/10,	4 1/20,	8/25
2 1/4,	5/27,	1/16,	5/7

==============================Page 99==================================
5 1/4,	1/3,	1 1/63,	3/4
1/14,	5/49,	10/21,	2/7
1 2/3,	3/14,	8 1/6,	3/5
3 1/2,	9/28,	1 1/15,	3 3/20
5/7,	2 11/35,	49/54,	7/9

Practice Adding, Subtracting, Multiplying, and Dividing Mixed Fractions Workbook

==============================Page 100==================================
4 4/7,	1 11/24,	8/21,	4 1/20
35/54,	3 1/5,	1 1/9,	1 4/21
8 3/4,	5/21,	25/63,	1 1/2
8/21,	4/21,	2 2/9,	36/49
1/24,	1 17/25,	5 1/4,	1 1/14

==============================Page 101==================================
1/20,	4/5,	2/21,	6 3/7
40/81,	1 1/2,	1 11/14,	2/15
7/15,	1 15/49,	25/32,	1 29/35
2/63,	15/49,	3 3/5,	6 3/10
1 1/7,	5/6,	2 1/10,	7 1/2

==============================Page 102==================================
6 3/4,	4 2/7,	4 1/6,	5/16
1 11/16,	3/14,	5/7,	1/3
7/12,	1 8/27,	4 1/2,	1 1/27
3/14,	1 2/7,	3 1/2,	24/49
1 3/5,	4/15,	1 2/3,	20/63

==============================Page 103==================================
49/54,	4/15,	7/15,	20/63
1 25/56,	1 1/4,	10/27,	2 11/12
4 1/5,	4 4/15,	22 1/2,	2 5/8
3/14,	1 2/5,	5/24,	35/36
7/24,	2 5/8,	7/18,	2/9

==============================Page 104==================================
1 11/24,	18/25,	5/32,	45/56
9 1/3,	3 1/9,	1/2,	1 2/5
3/7,	3/7,	5/24,	35/36
9/28,	8/27,	2 1/10,	25/48
5/21,	3 3/5,	1 1/2,	20/21

==============================Page 105==================================
1/9,	35/64,	2 2/3,	1 1/2
1 1/6,	5/14,	3/5,	2 6/7
9/32,	3 3/8,	2 1/12,	1 3/4
4 1/6,	5/8,	2 4/25,	27/49
20/27,	9/10,	4/63,	1 5/9

==============================Page 106==================================
3/4,	8/15,	1 3/5,	2 1/10
15/28,	1 1/5,	1/7,	1/5
1 5/9,	1/2,	1/2,	4/45
1/8,	4/9,	9/10,	13 1/2
9/16,	1 19/30,	1 7/8,	1 8/27

================================Page 107====================================
8/45,	4/5,	4/21,	1 1/9
28/81,	1 13/15,	12/49,	21/32
2 5/8,	27/35,	2 7/10,	2 1/2
3 3/5,	3/28,	4 4/15,	12/25
5 1/3,	3/10,	35/54,	3 3/4
================================Page 108====================================
1 1/2,	25/32,	7 7/8,	9/28
1 19/21,	1 1/5,	3 8/9,	25/81
1 19/45,	25/72,	27/28,	1/7
5/12,	2/35,	16/45,	6 2/5
1 1/9,	1 1/8,	5 1/4,	5/7
================================Page 109====================================
13 1/2,	20/27,	1/6,	1 3/25
1/9,	1/8,	3 1/8,	5/6
2 1/2,	1/3,	15/56,	5/42
4/63,	8/15,	9/20,	7/8
35/36, √	2 2/15, √	4 4/5, √	8 3/4

Made in the USA
Lexington, KY
21 July 2013